RAINER SCHMITT: EXODUS UND PASSA

ORBIS BIBLICUS ET ORIENTALIS

Im Auftrag des Biblischen Institutes der Universität
Freiburg Schweiz
und des Seminars für Biblische Zeitgeschichte
der Universität Münster
herausgegeben von
Othmar Keel,
unter Mitarbeit von Bernard Trémel und Erich Zenger

Zum Autor:

Rainer Schmitt (1941) studierte Evangelische Theologie an den Universitäten Marburg/L., Bonn und Münster und an den Kirchlichen Hochschulen in Bethel und Wuppertal. Anfang 1971 machte er sein Doktorexamen und wurde Wissenschaftlicher Assistent am Alttestamentlichen Seminar des Fachbereichs Ev. Theologie an der Universität Münster. Seit Frühjahr 1979 ist er Pfarrer in Hamm-Heessen. Seine Dissertation veröffentlichte er unter dem Titel «Zelt und Lade als Thema alttestamentlicher Wissenschaft. Eine kritische forschungsgeschichtliche Darstellung», Gütersloh 1972. Die Erstauflage der vorliegenden Studie erschien 1975.

ORBIS BIBLICUS ET ORIENTALIS 7

RAINER SCHMITT

EXODUS UND PASSA
IHR ZUSAMMENHANG IM ALTEN TESTAMENT

2., neubearbeitete Auflage

UNIVERSITÄTSVERLAG FREIBURG SCHWEIZ
VANDENHOECK & RUPRECHT GÖTTINGEN
1982

CIP-Kurztitelaufnahme der Deutschen Bibliothek

Schmitt, Rainer:
Exodus und Passa, ihr Zusammenhang im alten Testament / Rainer Schmitt. – 2., neubearb. Aufl. – Freiburg, Schweiz: Universitätsverlag;
Göttingen: Vandenhoeck und Ruprecht, 1982.

(Orbis biblicus et orientalis; 7)
ISBN 3-7278-0252-9 (Universitätsverlag)
ISBN 3-525-53350-0 (Vandenhoeck und Ruprecht)

Paulusdruckerei Freiburg Schweiz

Für CHRISTEL
und unsere Kinder
CARSTEN, MAREN, FLORIAN

Inhaltsverzeichnis

Vorwort zur 2. Auflage

Die freundliche Aufnahme, die diese Studie in ihrer 1.Auflage fand[1], eine Anzahl neuerer Arbeiten zu dem hier behandelten Themenkreis sowie mein Wunsch, das bisher Dargelegte hier und da inhaltlich zu erweitern und wo möglich besser zu fundieren, lassen mich gern der Bitte der Herausgeber des ORBIS BIBLICUS ET ORIENTALIS nachkommen, eine neubearbeitete 2.Auflage zu veröffentlichen. Sie stimmt in der Anlage und thematischen Ausrichtung trotz aller Erweiterungen und gelegentlicher inhaltlicher Modifikationen im ganzen mit der Erstauflage überein.

Auch der Fortgang der Diskussion macht den Hinweis nicht überflüssig, daß manches hypothetisch bleibt; das verbindet die vorliegende Studie mit thematisch ähnlich ausgerichteten Untersuchungen. Mit "offensichtliche(r) Vorliebe... für das Hypothetische"[2] hat das wenig zu tun; vielerorts bleibt eben gar keine andere Wahl als die Hypothese!

Hamm - Heessen, im August 1981 Rainer Schmitt

---

1) Siehe die ausführlichen Rezensionen von TROMP und GRAF REVENTLOW und die kürzeren von MAGNETTI, SCHARBERT, SMYTH und SOGGIN!

2) So REVENTLOW 652 zur 1.Auflage.

E i n f ü h r u n g

Das Thema der vorliegenden kleinen Studie ist der Zusammenhang zwischen dem Auszug aus Ägypten und dem Passa. Diese Themastellung macht einige Abgrenzungen erforderlich.

Erstens werden aus der recht großen Anzahl erzählender und legislativer Passatexte nur die herangezogen, welche ausdrücklich oder durch ihren literarisch-kompositorischen Kontext, der seinerseits wieder das Produkt historischer und kulttheologischer Anschauungen sowie überlieferungsgeschichtlicher Prozesse ist, einen Beitrag zur Beantwortung der Frage leisten können, wie Passa und Auszug aus Ägypten zusammenhängen.

Mit dieser ersten Einschränkung ist - zweitens - die andere verbunden, daß im folgenden keine zusammenhängende Gesamtdarstellung der Geschichte des Passa in alttestamentlicher Zeit geboten wird, ebensowenig eine umfassende Exegese der einzelnen Passatexte[3], auch wenn hier mancherlei diesbezügliche Einzelheiten erwähnt werden und dabei ganze Problemkreise und Themenkomplexe ins Blickfeld treten, die ihren Platz in jeder Behandlung der Herkunft, Bedeutung und Geschichte des Passa haben.

Drittens läßt diese Studie thematisch den Zusammenhang zwischen Passa und Mazzotfest und damit auch die mit letzterem verbundenen Fragen unerörtert. Es wird ausgegangen von der Erkenntnis, die von den alttestamentlichen Texten, vom kultur- und religionsgeschichtlichen Hintergrund der Vor- und Frühgeschichte Is-

---

3) Zu beidem liegen aus neuerer Zeit gründliche Untersuchungen vor. Neben kleineren Beiträgen (besonders von KRAUS, KUTSCH, HAAG, FOHRER, deVAUX, WAMBACQ, SCHREINER) sind hier vor allem die hinsichtlich ihrer Themastellung, Methode und Ergebnisse sehr unterschiedlichen Monographien von FÜGLISTER (1963), J.B.SEGAL (1963) und LAAF (197o) zu nennen.

4) Gegen konservativ-biblizistische Deutungen (vORELLI, KUGLER, BAUER, WALDE, HOFBAUER, NÖTSCHER, KAUFMANN) und gewisse religions- und kulturgeschichtliche Herleitungen des Ursprungs ohne ausreichende literar- und traditionskritische Fundierung (VÖLTER, JAMES, DUSSAUD, ENGNELL, J.B.SEGAL, vgl. auch HOLZINGER, VINCENT, PEDERSEN, ATKINSON). Unter der Voraussetzung verschiedener Herkunft der beiden Feste nimmt nach einigen ähnlichen älte-

raels und einem breiten Konsens der Forschung gestützt wird, daß Passa und Mazzotfest von ihrem Ursprung und ihrer frühen Geschichte her zwei getrennte Begehungen gewesen sind[4], die erst zu einem für uns nicht mehr deutlich erkennbaren Zeitpunkt zu einem Fest miteinander verbunden wurden und in dieser Verbindung erstmals in spätvorexilischer Zeit (Dtn 16, 1-8; Lev 23, 5-8) literarisch bezeugt sind. Die Verbindung von Passa und Mazzotfest wurde durch die ähnliche Terminierung beider Feste im Frühlingsmonat, die gleiche heilsgeschichtliche Begründung[5] und den auch beim Passa üblichen Brauch des Mazzenessens (s.Ex 12,8) erleichtert, wenn nicht gar herbeigeführt.
Viertens kann es im folgenden auch nicht um eine umfassende Erörterung der zahlreichen und schwierigen historischen, geographischen und religionsgeschichtlichen Probleme der Exodusüberlieferung gehen, wenn auch hier wieder einzelne Aspekte im Rahmen des Themas Beachtung finden werden.
Das Thema ordnet das geschichtliche Ereignis des Auszugs aus Ägypten und die kultische Begehung des Passa einander zu und stellt die Untersuchung des Zusammenhangs beider zur Aufgabe. Dabei muß unterstrichen werden, daß dieser Zusammenhang in unterschiedlicher Form in einzelnen alttestamentlichen Texten vorgegeben ist, also nicht als eine Arbeitshypothese von außen an diese Texte herangetragen wird und in seinem Recht bewiesen werden muß. Nicht der Tatbestand dieses Zusammenhangs an sich, wohl aber sein Alter, seine detaillierte Begründung und seine besondere Art stehen hier zur Diskussion.
Bedenkt man einen so alten Text wie den zum Festkalender des Bundesbuches gehörenden Ex 23,15, dann drängt sich die Frage auf, ob die hier vollzogene Verbindung von Mazzotfest und Auszug aus Ägypten im Sinn einer Festätiologie nicht recht willkürlich ist. Die

---

ren Versuchen jüngst wieder HARAN, Passover 110, Temples 342f. eine durch Ex 23,18 und 34,25 bezeugte sehr frühe Verbindung von Passa und Mazzotfest zu einem חג an; vgl. auch COLE 108.111 und WAMBACQ 309f.u.ö.Eine andere Variante der engen Zusammengehörigkeit findet sich jetzt wieder bei HALBE, Erwägungen 324ff.: Mazzot aus Passa im Kulturland entwickeltes Fest vor Erntebeginn im Frühjahr.

5) Vgl. zum Mazzotfest Ex 13,4ff.; 23,15; 34,18 und (falls hier wirklich ursprünglich eine Mazzotregelung vorgelegen haben sollte) Dtn 16,1 (dazu unten Kap. V/1).

dieser Verbindung innewohnende Tendenz durchzieht alle kultisch-legislativen Materialien des Alten Testaments: die ätiologische Begründung und legitimierende Verankerung von Kult und Recht in der Gründungszeit des Volkes (Exodus, Mose und Sinai, Wüstenwanderung, Landnahme). Ist, so stellt sich die analoge Frage im Blick auf das Passa, seine Verbindung mit dem Auszug nur das Ergebnis einer solchen allgemeinen Tendenz religiöser Tradition oder theologischer Programmatik oder gibt es speziellere Gründe und Motive, die zu dieser Verbindung geführt haben, z.B. solche, die in den mit dem Passa verbundenen Vorstellungen und Zielen liegen, in der Bedeutung des Auszugsgeschehens oder in den geschichtlichen Umständen, unter denen das Passa gefeiert wurde und der Auszug stattfand? Inwieweit ist es demnach begründet, in dem literarisch-redaktionellen Zusammenhang einen Reflex des überlieferungsgeschichtlichen und möglicherweise auch historischen Zusammenhangs zwischen Passa und Auszug zu sehen?
Bei der Beantwortung der Frage, was diesen Zusammenhang über ein auch sonst immer wieder zu beobachtendes Bestreben ätiologischer Begründung hinaus ermöglicht, erleichtert, sinnvoll gemacht und ausgestaltet hat, sind infolgedessen auf der Basis des literarischen Bestandes der Bedeutungsgehalt und der Sitz im Leben des Passa, die historischen Umstände des Auszugs und der überlieferungsgeschichtliche Prozeß der Verbindung und Ausgestaltung der Traditionen von Passa und Auszug zu analysieren. Daß für dieses Unternehmen die uns vorgegebene literarische Ausgangsbasis schmaler und brüchiger ist, als wir sie uns hier wie bei vielen andern Themen der Vor- und Frühgeschichte Israels wünschen, ist die nicht zu vermeidende Hypothek, die sich auch in dem oft hypothetischen Charakter einzelner Ergebnisse unserer Untersuchung niederschlagen wird.
Der im Titel der Studie angesprochene Zusammenhang zwischen Passa und Exodus umschließt nach allem eine komplexe Problematik: Welcher Art ist dieser Zusammenhang? Seit wann besteht er? Wie eng ist er? Wie ist er begründet? Wie hat er sich auf die Gestaltung der Traditionen ausgewirkt? Was sich daraus an Aufgaben für die folgende Untersuchung ergibt, läßt sich zusammenfassend so formulieren:

Erstens ist überlieferungsgeschichtlich zu fragen nach der historisierenden Beziehung des Passa auf den Exodus und, sofern diese schon im ältesten Traditionsbestand vorliegt, als Folge davon nach der Ausgestaltung der Exodustradition unter dem Einfluß des Passaritus bzw. auch nach den Rückwirkungen der Exodustradition auf die Gestalt des Passa. Verbunden damit ist die Frage nach den primären Elementen, und dies schließt ein die Frage nach einem möglicherweise faßbaren historischen Kern dieses Überlieferungsprozesses. *Zweitens* geht es darum, die Eigenarten des Verständnisses dieses Zusammenhangs von Passa und Exodus in den einzelnen Stadien der alttestamentlichen Überlieferung zu bestimmen: in der vordeuteronomischen, der deuteronomi(sti)schen und der priesterschriftlichen Überlieferung. *Drittens* ergibt sich daraus die Frage, aus welchen Gründen, in welcher Form und mit welcher Absicht Israel das Heilsereignis des Exodus mit dem Passaritus verbunden hat; das betrifft das Verhältnis des Glaubens Israels zu Geschichte und Kult. Dabei werden einige Strukturen alttestamentlicher Frömmigkeit sichtbar werden. Vorangestellt werden drei kürzere Abschnitte über die Bedeutung der Auszugstradition für den Glauben Israels, über die literarische Schichtung in Ex 11-13,16 und über Herkunft und Wesen des Passa, um so die folgende Darstellung zu entlasten und die beiden Themaelemente "Exodus" und "Passa" vorzustellen, um deren Zusammenhang sich die weiteren Ausführungen bemühen.

I. Die "Herausführung aus Ägypten" als Urbekenntnis Israels

Die überlieferungs- und frömmigkeitsgeschichtlichen Forschungen der letzten Jahrzehnte rechtfertigen die Feststellung, daß die Herausführung aus Ägypten mit ihrem auch historisch noch einigermaßen greifbaren Kern der Errettung am Schilfmeer für den Glauben Israels das grundlegende Ereignis in den Beziehungen Jahwes zu seinem Volk gewesen ist. Die alttestamentlichen Zeugnisse bieten für diese Feststellung eine breite Basis[6]. Ein Doppeltes spricht sich in diesem Glauben aus:

Einmal: J a h w e ist es, der Israel in einer entscheidenden Befreiungstat aus Ägypten herausgeführt hat. Im Blick auf das Mirjamlied (Ex 15,21), das jenes Befreiungswunder am Schilfmeer unmittelbar widerspiegelt, und wohl auch die Mose-Midian-Überlieferung (Ex 2-4) kann an der ursprünglichen Verbindung von Jahwe und Exodus kaum ein begründeter Zweifel bestehen. Jahwe ist mit dieser seiner grundlegenden Tat so verbunden, daß er, teils in festgeprägten Formeln, als der, "der Israel aus Ägypten geführt hat", definiert wird. Durch alle Schichten des Alten Testaments hindurch, von den sehr alten Bileamsprüchen (Num 23,22 = 24,8) bis zu Dan 9,15, begegnet diese Wendung in den verschiedensten thematischen und formalen Zusammenhängen[7], so daß man m.R. von einem "U r b e - k e n n t n i s I s r a e l s"[8] sprechen kann.

Sodann: In dieser Tat der Herausführung hat Israel in Jahwe s e i - n e n G o t t erkannt und sich in der Erinnerung daran immer aufs neue seiner Erwählung vergewissert. Existenz und Sonderstellung des erwählten Volkes gründen in diesem Ereignis, das auch als die Geburtsstunde Israels, als der Beginn seiner Geschichte bezeichnet werden kann[9]. Die Erfahrungen der Mosezeit, an deren Beginn die

6) Vgl. dazu u.a. GALLING 56.61.63; PEDERSEN, Israel III-IV 408f.u.ö.; NOTH, ÜPent.5off.; vRAD, TheolAT I 26f.; WESTERMANN, TheolAT 29ff. LUBSCZYK hat die Intentionen, Funktionen und wechselnden Akzentuierungen der verschiedenen Seiten dieses Urbekenntnisses untersucht innerhalb der großen theologischen Traditionsströme des Alten Testaments und ihrer jeweiligen theologischen Verwendung des Exodusthemas.

7) Vgl. die einzelnen Belege bei GALLING 5-26; NOTH, ÜPent.5of.; JENNI, Hinausgehen 760f.; WESTERMANN, TheolAT 29f.

8) NOTH, ÜPent.52.

9) So etwa Dtn 9,7; Ri 19,30; 1Sam 8,8;2Sam 7,6; 1Kön 6,1; 2Kön 21,15; Jer7,25.

"Herausführung aus Ägypten" steht, haben mit ihrer originären Verbindung von geschichtlichen Ereignissen und Glaube wesentlich zur Herausbildung einer elementaren Struktur alttestamentlicher Frömmigkeit beigetragen: der Erfahrung und Erfassung der Wirklichkeit in der Kategorie der "Geschichte"[10]. Israels Erfahrung und Erkenntnis Jahwes als seines geschichtsmächtigen Gottes und sein Glaube an die eigene Erwählung in einer geschichtlichen Tat konvergieren in dem Wort Hos 13,4: "Ich bin doch Jahwe, dein Gott, vom Lande Ägypten her".

Wenn auch zunächst nur einzelne, an den Ereignissen des Auszugs beteiligte Gruppen des späteren Israel, die man wohl in den Vorfahren der sich im Kulturland konstituierenden Rahelstämme sehen darf[11], Träger dieses Bekenntnisses und dieser Tradition waren, so kann doch angesichts des literarischen Befundes nicht bezweifelt werden, daß das Bekenntnis zu Jahwe, dem Befreier aus Ägypten, und der es tragende Glaube bald nach dem Seßhaftwerden durch den wachsenden Kontakt und Austausch der ins Land gekommenen israelitischen Stämme(gruppen) gesamtisraelitischen Charakter zu bekommen begannen[12]. Für diesen Prozeß der "Nationalisierung" der Exodustradition werden - zu nicht näher bestimmbaren Anteilen - die beiden Faktoren maßgebend gewesen sein, daß die Rahelgruppe in Israel bald eine hervorragende (politische, traditionsbilden-

---

1o) Vgl. WEISER 51f.

11) Siehe dazu SMEND, Jahwekrieg 79ff. Zum ganzen Themenkomplex "Exodus" vgl. die Arbeiten von HERRMANN und WEIMAR/ZENGER. Mit der These von einem doppelten Exodus und dementsprechend zwei im Buche Exodus ineinander verwobenen Exodustraditionen, die nach etlichen Vorgängern (siehe z.B.ROWTON mit den dort genannten Autoren sowie SCHMID) deVAUX, Histoire 349ff. wieder zu begründen versucht hat, können wir uns hier nicht auseinandersetzen. Auf diese These laufen auch die Untersuchungen von KÜHLEWEIN 134ff. hinaus, denenzufolge Schilfmeer- und Exodustradition ursprünglich selbständige, getrennte Einzeltraditionen waren; das Schilfmeerwunder war demnach nicht der Kern des Exodusthemas (vgl. dazu auch GUNNEWEG, Geschichte 22).

12) Es spielt in unserem Zusammenhang nur eine untergeordnete Rolle, wo diese Tradition ihren ursprünglichen kultischen Haftpunkt hatte. Möglicherweise war zunächst Gilgal der Ort, wo sie im Zusammenhang der Landnahmetradition gepflegt wurde: so u.a. vRAD, Hexateuch 53ff.; KRAUS, Gilgal 181ff.; RENDTORFF, Kultus 1o; SOGGIN, Gilgal 263ff.; OTTO, Mazzotfest 186ff.191ff.u.ö. Komplizierter stellt sich WIJNGAARDS 49ff.63ff.1o6ff. die Sache vor: ihmzufolge wurde ein ursprünglich am Sinai-/ Ka-

de) Rolle zu spielen begann und daß in ihrem Exoduscredo für die Gesamtheit Israels zentral wichtige Glaubensinhalte erkannt wurden. So ist für ganz Israel die Tat der Herausführung für alle Zeiten die Gewähr und "unverbrüchliche Bürgschaft von Jahwes Heilswillen"[13] geworden, die ihm auch in den Zeiten der Bedrükkung und Anfechtung Trost, Zuflucht und Stärke bot (vgl. u.a. Jes 43,16ff.; 63,7ff.; Ps 77,1ff.); der "Exodus als... das unvergeßliche Beispiel der Macht und Gnade Jahwes"[14] ist allezeit im Glauben Israels lebendig gewesen.

Die Bedeutung, die Israel dem Thema der "Herausführung aus Ägypten" beimaß, wird auch deutlich an den intensiven, durch alle Schichten der alttestamentlichen Traditionsbildung hindurchgehenden Reflexionen in Ex 1-15. Hier "ist das einfache Thema durch Heranziehung aller erreichbaren Traditionen theologisch zu höchster Polyphonie auskomponiert"[15]. Die je besonderen Akzentsetzungen vermögen die Bedeutung der Überlieferung in den verschiedenen Epochen der Geschichte Israels herauszustreichen. Wir können diesen überlieferungsgeschichtlichen Prozeß der Ausgestaltung und Interpretation hier nicht im ganzen verfolgen, wollen vielmehr unser Interesse im Rahmen dieser Studie auf den Zusammenhang zwischen Herausführung und Passa mit seinen verschiedenen, in der Einführung genannten Aspekten konzentrieren.

Wir beginnen, um mit dem im Blick auf die biblischen Texte nächstliegenden, nämlich dem literarisch-redaktionellen Zusammenhang, einzusetzen, mit einer kurzen literarkritischen Analyse von Ex 11-13,16.

---

deschheiligtum gefeiertes Exodus-Kultdrama, das auf die Akklamation Jahwes als König Israels abzielte und verstreut in Ex 1-24 vorliegt (zu den Einzeltexten s.53), nach der Landnahme (125o-1o5o) in Form einer Ladeprozession von Sukkot nach Sichem alle 7 Jahre (Dtn 31,1o) beim Laubhüttenfest modifiziert (1ff.25ff.1o9ff.), bei dem "the people withdrew to the desert to identify themselves once more with...the Exodus generation" (1o9). Mit verschiedenen Abänderungen wurde diese Tradition von den Gilgal-Deuteronomisten (85o-587) übernommen (58ff.1o6ff.)
Zu fragen ist jedoch (mit NOTH, ÜPent.52), ob man die Exodustradition bei ihrer fundamentalen Bedeutung für den Glauben Israels lokal und auf einen Sitz im Leben eingrenzen kann.

13) vRAD, THeolAT I 19o.
14) BRIGHT, Geschichte 134.
15) vRAD, TheolAT I 189.

II. Literarkritische Analyse von Ex 11 - 13,16

Die Beschränkung der literarkritischen Analyse ist darin begründet, daß thematisch innerhalb des Gesamtkomplexes der Exodustradition nur dieser Abschnitt den Zusammenhang von Auszug und Passa in den Blick nimmt. Die hier vorliegende Komposition vermag in Ergänzung durch andere verwandte Texte die wesentlichen Epochen der alttestamentlichen Traditionsgeschichte zu erhellen und hat deshalb für unsere weiteren Untersuchungen repräsentative Bedeutung.

Unsere Analyse grenzt sich methodisch und damit auch im Ergebnis nach drei Seiten hin ab: einmal gegen eine die augenfälligen sprachlichen, sachlichen und kompositorischen Differenzen harmonisierende, gelegentlich auf dem Boden der Annahme mosaischer Verfasserschaft betriebene Interpretation samt allen mit ihr verbundenen Fragestellungen[16]; sodann gegen die jener Arbeitsweise in manchem verwandte traditionshistorische Methode skandinavischer und angelsächsischer Gelehrter[17], die auf der Basis zweifelhafter Anschauungen über den Gang der alttestamentlichen Überlieferung die Quellenkritik für unsachgemäß und belanglos, ja für unmöglich halten, was sich im Rahmen unseres Themas in der These niederschlägt, ursprüngliche Gestalt und Geschichte des Passa ließen sich nicht unter der Voraussetzung verschiedener literarischer Quellen rekonstruieren[18]; schließlich auch gegen die sog. "Neueste Urkundenhypothese", die in berechtigter Ablehnung der beiden soeben genannten Arbeitsweisen nun ihrerseits die literarkritischen Differenzierungen so weit vorantreibt, daß sie die vordeuteronomische Überlieferung in drei nach Entstehungsort und -zeit sowie Verfasser(kreis) selbständige, durchlaufende Erzählungsstränge zerlegt, deren dritter - neben dem weithin unbestritte-

---

16) Vgl. dazu einerseits den Aufsatz von HOFBAUER, andererseits die Ausführungen von CASSUTO 136ff.; zu den Voraussetzungen und dem Anliegen des letzteren siehe kurz zusammengefaßt auch SCHMITT 229 Anm.272.

17) Siehe dazu die auch für die geschichtlichen Traditionen gültige Darstellung und Kritik von GUNNEWEG, Tradition 7ff.; kurz auch FOHRER, Einleitung 37f.

18) In unterschiedlich rigoroser Form PEDERSEN, ENGNELL und J.B.SEGAL. In der Skepsis gegenüber der gängigen Pentateuchquellenhypothese berührt sich mit ihnen RENDTORFF, Problem.

nen J[19] und dem stärker umstrittenen E[2o] - das Siglum J_1, L oder N trägt[21].
Die Begründung dieser zuletzt erwähnten Hypothese ist m.E. aber weder im Blick auf den Gesamtpentateuch noch im Blick auf einen Einzelabschnitt wie in unserem Fall Ex 11-13,16 ausreichend. Angesichts der von J und E teilweise unbearbeitet, d.h. sehr traditionsgetreu übernommenen alten , sowohl inhaltlich als auch formal sehr disparaten Einzelüberlieferungen, die verschiedene Sitze im Leben und unterschiedliche überlieferungsgeschichtliche Entwicklungen hatten, haben sich Risse und Spannungen bei der Zusammenarbeitung schwerlich vermeiden lassen.Das Postulat einer nicht nur inhaltlich und theologisch-thematisch, sondern auch formal-literarisch fugenlosen Komposition solcher Einzeltraditionen wird dem überlieferungsgeschichtlichen Prozeß und der Arbeitsweise der alttestamentlichen Zeugen schwerlich gerecht. Nicht das unbestreitbare Recht der Literarkritik steht damit zur Debatte, wohl aber die Grenze dieser Methode, die deutlich wird angesichts der Zerstückelung in Quellen, Unterquellen, Quellenfragmente, Zusätze, Wucherungen u.ä.[22] und der Annahme verschiedener Redaktionen innerhalb oft eng begrenzter literarischer Komplexe. Die in neuster Zeit wiederholt und verstärkt vorgebrachte Kritik an dieser Handhabung der Quellentheorie[23] hat insoweit ihr unbestreitbares Recht.
Schon bei einer ersten Übersicht über den Abschnitt Ex 11-13,16

---

19) Erst in jüngster Zeit hat RENDTORFF, Problem 1o9ff.auf breiter Front J als durchlaufende Pentateuchquelle in Frage gestellt. Zu ihm und solchen Arbeiten, die J bzw. das jehowistische Werk in den Umkreis der Deuteronomistik rücken, siehe den Überblick von DIEBNER. Inwieweit sich diese neuen Ansätze und die Zuweisung immer größerer Teile des Alten Testaments zu einem in sich vielschichtigen Deuteronomismus bewähren (NOTH, ÜPent. 29ff. rechnete im Pentateuch mit deuteronomistischen Zusätzen; FOHRER, Einleitung 181 sah nur wenige derartige Stücke im Tetrateuch; für RENDTORFF, Problem 164 u.a. ist dagegen die deuteronomistische Schicht die erste und einzige gesamtpentateuchische Bearbeitung!), bleibt einer eingehenden Neubearbeitung der Pentateuch-Entstehungsgeschichte vorbehalten.

2o) Vgl. die verschiedenen "Einleitungen ins Alte Testament" zu E!

21) Siehe für den Zusammenhang unseres Textes etwa BEER, Exodus 1o (J_1); EISSFELDT, Synopse 34f.128*ff., Einleitung 91.257ff. (L); FOHRER, Überlieferung 8, Einleitung 173ff. (N).

22) Vgl. dazu die bisweilen noch über EISSFELDTs Zerlegungskunststücke (Synopse 1o6*ff.) hinausgehenden Aufteilungen von FOHRER (Überlieferung 124f.) im Blick auf Ex 1-15!

23) Siehe bes. RENDTORFF: Problem.

fällt die Mischung und Aufeinanderfolge von erzählenden (11,1-1o; 12,29-42.51) und anordnenden Partien (12,1-28.43-5o; 13,1-16) auf, wodurch mehrfach sachliche Wiederholungen, verbunden mit Differenzen in sprachlicher Form und materiellem Gehalt, auftreten[23a]. Diese weisen darauf hin, daß der Text literarisch nicht einheitlich ist. Sein Bestand ist in folgender Weise den Pentateuchquellen zuzuordnen:

1. Aus sprachlich-stilistischen, kompositorischen und sachlich-theologischen Gründen (siehe dazu Kap.VI/1) ergeben sich für die vor allem an den Fragen des legitimen Kultes, seiner umfassenden gesetzlichen Regelung sowie seiner, die enge Verbindung von Erzählung und Gesetz bewirkenden heilsgeschichtlichen Verankerung und Begründung interessierte Priesterschrift (P) folgende Stücke, über deren Zuordnung unter den Vertretern der traditionellen Quellenhypothese weitgehende Einigkeit besteht: Ex 11,9f.; 12,1-2o. 28.4o-51; 13,1f.[24] Dabei handelt es sich bei 12,2[25]. 15-2o[26]. 42-51[27] und 13,1f.[28] wahrscheinlich um sekundäre Zusätze zur Grundlage von P[29]. Diese enthielt demnach einen knappen erzählenden Rahmen (11,9f.; 12,28.4of.) und einen breit ausgeführten Gesetzesteil (12,1.3-14).

23a) Siehe dazu schon DILLMANN 98ff. und DRIVER XXIVf.LIII.87.97f.4o5 u.ö.; neustens wieder FOHRER, Überlieferung 79ff.

24) Vgl. die Listen bei LAAF 4 Anm.8. 1o Anm.34. 21 Anm.95. 27 Anm.127.

25) So u.a. HOLZINGER 33; EERDMANS 454; RUDOLPH 275; NOTH, ÜPent.18, Exodus 74; FOHRER, Überlieferung 87; LAAF 12; HAAG, Neues Pascha 89.

26) HOLZINGER 34; BAENTSCH 97; vRAD, Priesterschrift 47; RUDOLPH 275; ELLIGER, Sinn 121; EISSFELDT, Einleitung 271.

27) In dieser oder ganz ähnlicher Abgrenzung vgl. u.a. HOLZINGER 34; vRAD, Priesterschrift 49; BEER, Exodus 61; WELCH 25; PFEIFFER, Introduction 268; RUDOLPH 24 + Anm.1. 275; NOTH, ÜPent.18, Exodus 72; EISSFELDT, Einleitung 272; FOHRER, Überlieferung 88f., Einleitung 199; CHILDS, Exodus 2o1; FUSS 29o; HARAN, Temples 317.

28) Vgl. dazu HOLZINGER 34; RUDOLPH 27.275; FOHRER, Überlieferung 89, Einleitung 199; FUSS (s.vorige Anm.).NOTH, ÜPent. 32 Anm.1o6 sieht in diesen Versen einen gegenüber Ex 13,3-16 noch jüngeren deuteronomistischen Zusatz.

29) Daß Ex 12,1-14.28 insgesamt nicht zu P^g gehört, sondern Zusatz (P^s) ist, hat Ska 3off. nicht wahrscheinlich machen können. Ex 7,4 ist vielzu allgemein formuliert, als daß daraus auf das ursprüngliche Fehlen von Erstgeburttötung und Passa im P^g-Kontext geschlossen werden könnte; im Gegenteil legt sogar der bei P seltene Terminus שפט (Ex 6,6; 7,4; 12,12!, dann noch Num 33,4) die Zusammengehörigkeit von Ex 6f. und 12 nahe. Auch würden 11,9f. und 12,4of. in der Luft hängen, wenn nicht ausgeführt würde, wie Israel denn nun, trotz aller bisherigen Mißerfolge, wirklich frei

2. Sodann lassen sich auf Grund der weitläufigen formelhaften Sprache und der lehrhaft-paränetischen Tendenz als Stücke verschiedener deuteronomistischer Redaktionen (vgl. die singularische in 12,24b; 13,5-16 und die pluralische Anrede in 12,24a. 25-27a; 13,3f.) Ex 12,24-27a[3o] und 13,3-16[31] ausscheiden, die kultische Anordnungen enthalten, welche den regelmäßigen Vollzug der betreffenden kultischen Begehungen und offensichtlich einen größeren zeitlichen Abstand von den Exodusereignissen voraussetzen (siehe Kap.V/2).

3. Der verbleibende Rest Ex 11, 1-8; 12,21-23.27b.29-39 bildet nach der fast einhelligen Meinung der Exegeten[32] den ältesten, in vordeuteronomische Zeit hinaufreichenden Bestand. Völlig ungeklärt ist die Frage, ob dieser Bestand noch weiter in Quellen oder Schichten zerlegt werden kann. Wiederholte Versuche, im Sinn der "Neuesten Urkundenhypothese" vor allem für 12,21-23.27b die

---

kommt - und gerade davon spricht 12,1-14.28. Der abrupte Neueinsatz in 12,1 ist von 7,8-11,1o*(P^g) her gerechtfertigt und unterstreicht die inhaltliche Bedeutung der Passa-Anordnung. Und daß 7,4 auf das Wunder am Meer, nicht aber auf Erstgeburtstötung und Passa abzielt, ist eine nicht begründete Alternative (vgl. 14,8b im Rückbezug auf 7,4b). Unbegründet ist damit auch SKAs Skepsis (34) gegenüber der These NOTHs, FOHRERs u.a., der Tod der Erstgeburt sei die Urplage.

3o) Vgl. LAAF 28f. und seine Listen 19 Anm.82. 21 Anm.93. SCHREINER 78 hält darüber hinaus auch Ex 11,2b.3.4aα.8 und 12,35f. für deuteronomistisch. Reserviert gegenüber einer so späten Ansetzung zeigt sich SEITZ 98. HARAN, Passover 86.88, Temples 317.319.324 u.ö. (doch vgl. 324 Anm.17. 346 Anm. 45); CLEMENTS 7o, auch KAY 438f. weisen den gesamten Abschnitt 12,21-27 J zu. Für OTTO, Mazzotfest 176 ist 12,21-27a vordeuteronomisch (s.auch OTTO/SCHRAMM 18f.), für LOHFINK, Hauptgebot 118.121f. 12,24-27a nichtdeuteronomischer Zusatz.

31) Vgl. die Liste bei LAAF 28 Anm.13o; allerdings schließt sich LAAF denen an, die unter der deuteronomistischen Bearbeitung älteres Material erkennen (28ff.75f.; vgl. auch LOHFINK, Hauptgebot 121: "proto-deuteronomisch"; OTTO, Mazzotfest 182, Erwägungen 2o.22; HALBE: Privilegrecht 184 u.ö.). Daß in 12,43-13,16 zwei Appendices zum ursprünglichen Text vorliegen, gesteht auch CASSUTO 149ff.zu (s.o.unsere Anm.16).

32) Daß 12,21-28 zu P gehört (so MAY 65.7o-72; so im Blick auf 12,21-23 jetzt wieder WAMBACQ 317ff.; ähnlich RYLAARSDAM 665ff. im Blick auf 12,1-13,16 insgesamt), ist wegen der Altertümlichkeit des in V.21-23 Geforderten und der Differenzen zu V.1-14 ebenso schwer zu begründen wie die andere These, V.21-27 insgesamt stammten von einem deuteronomistischen Redaktor (so u.a. STADE, Theologie 173f.; LODS 17o Anm.1. 29o Anm.9; auch ARNOLD 1o; PFEIFFER, Religion 41.94; FEVRIER 184f.187 Anm.54; weitere bei SCHREINER 79 Anm.57, der selbst V.21-23 für jehowistisch hält [78f.]), so daß wir aus vordeuteronomischer Zeit - höchstens mit der einen Ausnahme Ex 34,25 (FEVRIER)! - keinen Beleg für die Feier des Passa hätten.

dritte vordeuteronomische Quelle L[33], J_1[34] bzw. N[35] ins Spiel zu bringen, müssen als ebenso unsicher gelten wie eine Aufteilung in J und E[36] oder auch die neueren Operationen mit vorjahwistischen Bestandteilen[37] bzw. vordeuteronomischen jehowistischen Anteilen[38]. Ein (mit anderen Autoren fast beliebig wiederholbarer) Vergleich der Analysen von Ex 11f. durch EISSFELDT,NOTH,FOHRER, CHILDS, FUSS, OTTO, SCHREINER und WEIMAR/ZENGER beweist,daß für eine einigermaßen konsensfähige Aufteilung der vordeuteronomischen Tradition ausreichende Kriterien fehlen. Das wirre Bild, das dieser Vergleich ergibt, muß jedenfalls das Vertrauen in die Tauglichkeit der angewandten Kriterien erschüttern.

Was oben allgemein zur "Neuesten Urkundenhypothese" gesagt wurde, bestätigt sich hier im Detail. Am einfachsten - und darum hier auch am wahrscheinlichsten - ist die Annahme einer durchlaufenden vordeuteronomischen (jahwistischen) Quellenschicht, die in 12, 21-23.27b eine in sich bereits geprägte Passatradition aufnahm, was zu deutlich spürbaren inhaltlichen und formalen Spannungen im Kontext von letzter Plage und Exodus führte[39], und durch

---

Kaum wahrscheinlich zu machen ist schließlich die These von WELCH 27ff., V.21-28, aus der Tradition des Nordreichs stammend, sei bei der durch einen judäischen Redaktor vollzogenen Zusammenfügung mit den aus Juda stammenden Anordnungen 12,1-2o; 13,1f. im ersten Teil verstümmelt worden, weil hier der judäischen Praxis widersprechende Details genannt wurden.

33) EISSFELDT, Synopse 13o*.

34) BEER, Exodus 6o.

35) FOHRER, Überlieferung 82f.124.

36) Ein trauriges Spiegelbild dieser Unsicherheit bieten die fast von Seite zu Seite wechselnden Aufteilungen in J und E in DRIVERs Exoduskommentar (siehe z.B. XXIVf. LIII.87). Auch wenn man die von FOHRER, Überlieferung 83ff. für die Existenz von E in Ex 11f. gegebenen Begründungen überprüft, bleiben vor allem im Blick auf die außer 11,1 genannten Verse 12,31.39b erhebliche Zweifel; denn im J-Kontext 12,29f.32 stellt V.31 ein hervorragendes, die Erzählung vorantreibendes und die Spannung steigerndes Element dar, ohne das V.32 in der Luft hinge; gleiches gilt im Blick auf V.3o in Bezug auf V.33, mit dem FOHRER einen N-Abschnitt beginnen läßt. Und was V.39b betrifft, so reicht der wortstatistische Befund bei dem sehr geringen Vorkommen der Termini צדה und גרש im Pentateuch und ihrer Verteilung auf verschiedene Quellen nicht aus, eine Entscheidung zugunsten von E zu fällen und V.39b quellenmäßig von V.39a zu trennen;vielmehr stehen beide Vershälften in einem inhaltlich glatten Zusammenhang. Kaum zu begründen ist auch die Aufteilung von FUSS 259.267f.27of.273f. innerhalb von 12,21-24: J 22a.23, E 22b, R^{JE} 21.24 (- לחק־לך ולבניך).

37) OTTO, Erwägungen 13.15 (und nachjahwistische Anteile, 11.13); WEIMAR/ZENGER 23ff.

zwei Zusätze in 11,2-3 uns 12,35f. aufgefüllt wurde[4o]. Schon in diesem ältesten Bestand des Textes Ex 11-13,16 findet sich das den ganzen Abschnitt kennzeichnende Miteinander von Erzählung (11,1-8; 12,21a.27b.29-39) und kultischer Anordnung (12,21b-23), wobei dank der späteren umfangreichen und hinsichtlich Charakter und Intention durchaus unterschiedlichen Hinzufügungen von D und P im Jetztbestand die letztere überwiegt. Das läßt eine wesentliche Tendenz der Überlieferungsgeschichte erkennen, gleichzeitig aber auch nach der Begründung und Art des hier aufgezeigten Zusammenhangs fragen. Doch bevor wir uns ausführlich diesen Fragen zuwenden, sollen in einer knappen Skizze Herkunft und ursprüngliches Wesen des Passa dargestellt werden.

---

38) SCHREINER 75ff.

39) Z.B. hat Israel im Fall der letzten Plage Vorkehrungen zu seiner Rettung zu treffen, was sonst nicht nötig ist; das sonst übliche Schema, daß auf die Ankündigung einer Plage sofort ihr Eintreffen folgt, wird durchbrochen; Jahwe handelt nicht selbst, sondern durch einen משחית . Die Anordnung V.22b steht dagegen nicht unbedingt im Widerspruch zu V.29ff.

4o) Vgl. dazu LAAF 21f.Anm.97.

III. Herkunft und Wesen des Passa

Mit dem Wort פסח , dessen Etymologie[41] noch nicht befriedigend erklärt ist, wird sowohl ein festlicher Brauch[42] als auch das bei diesem verwendete Opfertier[43] bezeichnet. Mehrere Indizien sprechen deutlich dafür, daß dieser Ritus den "Israeliten" beim Auszug bereits bekannt war[44], seiner Herkunft nach also mit dem Exodus nichts zu tun hatte, d.h. nicht erst in dieser Situation (von Mose) eingesetzt wurde[45]: die Anweisungen in Ex 12,11.21[46], dazu die Erwähnung des משחית , der wie ein Relikt eines vorjahwistischen Traditionsbestandes anmutet[47]; die bei allen anderen großen Festen Israels zu beobachtende Übernahme aus dem vor- bzw. außerisraelitischen Bereich mit dem Ziel einer Integration in den Jahwekult[48]; die im Bereich verwandter semitischer (Halb-)Nomaden reichlich zu findenden Parallelen[49] und vielleicht auch die zwar

---

41) Die verschiedenen etymologischen Herleitungen referieren und diskutieren in jüngerer Zeit KRAUS, Gottesdienst 161f.; J.B.SEGAL 95ff.; FÜGLISTER 157ff.; deVAUX, Lebensordnungen II 346f.; LAAF 142ff.; KEEL 428ff.; GERLEMAN 41off.

42) Lev 23,5; Num 9,2 u.ö.; 28,16; Dtn 16,1; Jos 5,1o; Ez 45,21; 1Chron 3o, 1f.5; 35, 1.16ff.; Esra 6,19.

43) Ex 12,11.21.27; Dtn 16, 2; 1Chron 3o,15.17f.; 35,1.6ff.; Esra 6,2o.

44) HAAG sprach schon 196o von einer "heute gesicherte(n) Erkenntnis" (Bundesfeier 34); vgl. außer den in den folgenden Anmerkungen genannten Autoren noch BUBER 1o2.1o5; ENGNELL 4o; HERBERT 44; PFEIFFER, Religion 41; KORNFELD 117f.; HERRMANN, Aufenthalt 82; CHILDS, Exodus 191; OTTO/SCHRAMM 11.14ff.; siehe auch CLEMENTS 67 und FOHRER, Überlieferung 94.

45) Gegen vORELLI 751f.; HEMPEL 2oo Anm.7; KÖNIG, Geschichte 297f.; WALDE 994; HEINISCH 98f.; NÖTSCHER 355.

46) Vgl. dazu DILLMANN 1o9.114; DRIVER 41o; KAUTZSCH, Religion 621, Theologie 31; HAAG, Paque 1124, Neues Pascha 44; GRELOT/PIERRON 25; SCHILDENBERGER 78; THOMPSON 58 + Anm.6; deVAUX, Studies 19, Histoire 346; HARAN, Temples 317f Anm.2 (zur Wendung פסח ליהוה). ROST, Weidewechsel 1o4 und BEER, Pesachim 27 räumen allerdings die Möglichkeit ein, daß הפסח eine redaktionell gestaltete Verknüpfung mit den vorangegangenen Passaanordnungen sein oder hier proleptischer Gebrauch vorliegen könne. Dagegen nimmt FUSS 269ff. an, daß R^{JE} eine alte Erzählung von der Entstehung des Passa und den dazugehörenden Ausführungsbericht vorfand, aber bis auf das Fragment 12,21b.22a weg ließ (vgl. auch HORST 111 Anm.256).

47) Vgl. dazu ROST, Weidewechsel 1o4; NOTH, Exodus 71; ZEROFA 241; LAAF 24. 116.157 u.ö.; KEEL 421; GERLEMAN 412; OTTO/SCHRAMM 11; auch vRABENAU 73. BUBER 1o3 erwägt die Identifizierung des משחית mit dem rachedurstigen Urvater der Tiergattung!

48) So schon MOULTON 687f.; zustimmend DRIVER 4o7f.; in neuerer Zeit wieder BARROSSE 728.

49) Siehe dazu unsere Anm.56.

oft behauptete, aber nicht zwingend zu begründende Identität des in Ex 3,18; 5,1-3; 7,16.26; 8,16.21-24; 9,1.13; 1o,3.7-11.24-26 erwähnten Festes in der Wüste[5o], sofern dieses nicht nur ein Vorwand und eine Fiktion ist[51], mit einer Passafeier[52] bzw. einem "paschaähnlichen Brauchtum" (BARROSSE). Das Neue bei dem Passa von Ex 12 wäre dann nur dies, daß es auf eine bestimmte, herausgehobene Stunde in der Geschichte Israels bezogen wurde und dadurch eine neue Qualität bekam.

Über Vollzug und Bedeutung des Passa schweigen die vordeuteronomischen Quellen des Pentateuch zwar nicht völlig, wie die älteste erreichbare, wohl zu J gehörige Anordnung Ex 12,21-23 zeigt[53], aber darüber hinaus sind wir doch auch auf Rückschlüsse aus zumindest literarisch jüngeren Quellen angewiesen. Dafür bietet sich, bei aller Differenz zu Ex 12,21-23 und aller Vorsicht der Rekonstruktion, besonders das Ritual Ex 12, 1-14[54] an, das offensichtlich auf älteste Überlieferungen zurückgreift, wie die mannigfachen Differenzen zu allen übrigen Opferanweisungen in P, ja überhaupt zu anderen Typen des israelitischen Opfers[55] einerseits

---

5o) Von ihm erfahren wir, wenn wir die verstreuten Einzelnachrichten zu einem Gesamtbild vereinen dürfen, folgendes: Es war ein Wallfahrtsfest (חג , חגג , 3 Tagereisen), bei dem Jahwe Opfer dargebracht wurden (זבח), nach Ex 1o,25f. Schlacht- und Brandopfer offenbar schon auf dem Weg zum Heiligtum. Das Opfer hatte apotropäischen Charakter (5,3). Insgesamt ist das Fest eine עבדה , also ein kultischer Opferbrauch.
Der apotropäische Charakter und die Nichterwähnung von Erstlingen als Opfertiere (dennoch haben manche eine Beziehung zu Erstlingsopfern angenommen, vgl. M.H.SEGAL 145f. und LAAF 119f.) könnten für die Identität von Passa und Wüstenfest sprechen. Andererseits sind die Eigenarten dieses am Lokalheiligtum gefeierten Wallfahrts- und Opferfestes mit wesentlichen Einzelbestimmungen von Ex 12,1-14.21-23 schwer vereinbar.

51) So schon WELLHAUSEN, Prolegomena 84; später wieder LAAF 121f. und vorsichtig auch SCHREINER 7o.

52) Für diese Identität plädieren u.a. DILLMANN 114; NOWACK II 147; STADE, Theologie 174; KAUTZSCH, Religion 621, Theologie 31.68; MEYER 37f.; GRESSMANN, Mose 1o3, Anfänge 46.51; KITTEL, Religion 39; HÖLSCHER 65; BEER, Exodus 62; PROCKSCH 57.545 (in Kadesch gefeiert); GRELOT/PIERRON 19.25; ROWLEY 117 (mit Vorbehalt); HAAG, Paque 1123f., Neues Pascha 43; SCHILDENBERGER 79; RYLAARSDAM 664; vRABENAU 73; J.B.SEGAL 43ff.; deVAUX, Studies 18, vorsichtiger Histoire 346; teSTROETE 85; M.H.SEGAL 145f.; FÜGLISTER 4of.; BARROSSE 728; CORNFELD/BOTTERWECK 5o3; vgl. auch AUZOU 166f. 177f. und COLE 1o4. Demgegenüber reserviert bis ablehnend u.a. KÖNIG, Geschichte 297; THOMPSON 58; FOHRER, Überlieferung 94 Anm.34; SCHMID 45; LAAF 121f.; WIJNGAARDS 51; SCHREINER 7o.

53) Gegen die in unserer Anm.32 genannten Autoren.

und die Tatsache andererseits beweisen, daß alle hier erwähnten Einzelheiten Sitten aus dem Lebensbereich der (Halb-)Nomaden korrespondieren und am besten oder gar ausschließlich von ihnen her erklärt werden können. Auf diese Sitten aus dem Lebensbereich der syrisch-arabischen Steppen- und Wüstengebiete ist durch eine Vielzahl eingehender ethnologischer Untersuchungen, besonders solche zum Frühlingsfest der vorislamischen Araber im Monat radschab[56], detailliert hingewiesen worden, so daß der Schluß kaum zu umgehen ist, daß das Passa "is no doubt one of the best preserved of those relics of the ancient Semitic religion which have been adopted and perpetuated by Jahwism"[57].

Für die Erhellung der besonderen Situation, in der das Passa gefeiert wurde, hat in direkter Anknüpfung an ALT und damit eine Linie fortsetzend, die schon bei EWALD[58] sichtbar ist und sich - wenn auch hier offenbar seßhafte Verhältnisse vorausgesetzt sind - weiterverfolgen läßt bei DALMAN[59] und BROCK-UTNE[6o], Leonhard ROST[61] Entscheidendes getan, so daß ihm m.R. eine große Zahl neu-

---

54) Daß P an den wahren Ursprung des Passa keine Erinnerung mehr habe (so MARTI, Religion 254), wird man im Blick auf die zahlreichen Eigenarten des von P beschriebenen Passa kaum sagen können. Auch LAAFs Zweifel erscheinen mir in dieser Form verfehlt (134ff.).

55) Vgl. außer den Arbeiten von HENNINGER bes. deVAUX, Studies 3ff. Er unterstreicht nachdrücklich (17 u.ö.), daß die dem Passa und den arabischen Opfern gemeinsamen Eigenarten präzise die seien, welche beide nicht nur von andern Typen des Opfers im Alten Testament, sondern auch von den Opferbräuchen der Kulturländer des Alten Orient, speziell Kanaans, unterscheiden (siehe auch HARAN, Temples 317ff.).Dagegen siehe SCHREINER 7off.

56) Seit dem (DILLMANN 1o9.114; HOLZINGER 41; BEER, Pascha 16, Pesachim 13; HENNINGER, Fêtes 42o, Frühlingsfeste 386 zufolge) ersten derartigen Versuch durch EWALD (Commentatio 418f., Alterthümer 466f.) vgl. die ausgedehnten Untersuchungen von WELLHAUSEN, W.R.SMITH, CURTISS, LAGRANGE, DALMAN, DHORME, JAUSSEN, deVAUX, HAAG und in neuerer Zeit vor allem Joseph HENNINGER. Er hat besonders auf drei gemeinsame Züge hingewiesen, die Passa und radschab-Opfer verbinden und auf eine gemeinsame Wurzel im altsemitischen Nomadenleben weisen: 1. Frühlingsfest von Hirten, 2. Familienfest mit dem Hausvater als Vorsitzendem und Priester, 3. Darbringung der Erstlinge im Mittelpunkt (Fêtes 415ff., Frühlingsfeste 384); zu letzterem vgl. unseren Abschnitt IV/1b. Reserviert demgegenüber jüngst wieder OTTO/SCHRAMM 13f., wo ein Bezug zur dahiba-Schlachtung näher liegt, die ein apotropäischer Blutritus ist.

57) LODS 291.

58) Alterthümer 466ff.

59) 444ff.

6o) 273ff.

61) Weidewechsel 1olff.

erer Arbeiten zur Sache gefolgt ist[62]. In Erkenntnis der hervorragenden Bedeutung, die der Weidewechsel, die Transhumanz, im Leben wandernder Kleinviehnomaden hat[63], wird die erregende, weil von Ungewißheit und Sorge im Blick auf die Zukunft erfüllte Stunde des Aufbruchs zur Wanderung von der infolge der Regenarmut von der Verwüstung bedrohten Steppe[64] zu den Sommerweiden im oder in der Nähe vom Kulturland als die Heimat des Passa bestimmt, in der die Wanderhirten in einer nächtlichen Opferhandlung im Blick auf die bevorstehende Wanderung Unheil und Gefahr für Mensch und Tier durch einen magischen Blutritus abzuwenden gesucht und durch ein gemeinsames Mahl ihre Gemeinschaft miteinander und mit ihrer Sippengottheit befestigt haben[65]. Blutritus (in Ex 12,21-23 wegen der besonderen Intention des Kontextes isoliert) und heiliges Mahl[66] bestimmen also das Wesen des in die Kategorie der rites de passage gehörenden Passa.
Die vornehmlich apotropäische Wirkung[67] des Blutes (vgl.Ex 4,24ff.), mit dem der Eingang der Behausung bestrichen wurde, richtet sich ge-

---

62) NOTH, ÜPent.72f., Exodus 7of.; KRAUS, Gottesdienst 62; RINGGREN 171; vRAD, TheolAT I 29.266; vRABENAU 73; deVAUX, Studies 14f., Histoire 346; ZEROFA 244; teSTROETE 86; HERRMANN, Aufenthalt 82; LAAF 154f.; HAAG, Neues Pascha 18.45 (Paque 1123ff. bietet einen forschungsgeschichtlichen Überblick zum Sitz im Leben des Passa); HARAN, Passover 9o +Anm.1; SOGGIN, Joshua 75; FOHRER, Überlieferung 95; CHILDS, Exodus 189; HALBE, Erwägungen 339 + Anm. 97; SCHMIDT, Glaube 116; GERLEMAN 4o9; OTTO/SCHRAMM 9.12f.

63) Eine zeitliche Fixierung wird für das ursprüngliche Passa abgelehnt von MARTI, Religion 48; vgl. auch BEER, Pascha 21f. (Passa als Schutzritus in Zeiten der Pest, siehe so jetzt auch SCHREINER 82ff.); MAY 66 (am 8.Tag nach der Geburt der Erstlingstiere, vgl. Ex 22,28f.) und DRIVER 411. Auch die Infragestellung des Zusammenhangs von Passa und Weidewechsel durch SCHMID 45, WAMBACQ 2o7ff. u.a. ist nicht genügend begründet.

64) KEEL 417ff. (zustimmend OTTO/SCHRAMM 13, siehe auch WAMBACQ 21o) hat neuerdings diese Situation mit dem Dahinwelken der Vegetation, dem Austrocknen des Bodens, dem Versiegen der Quellen, dem Aufkommen des glühenden Wüstenwindes und den in ihrem Gefolge auftretenden Beschwernissen und Krankheiten eindrucksvoll beschrieben.

65) Die Bedeutung des Mahls betonen besonders BROCK-UTNE 275ff. auf dem allerdings zweifelhaften Hintergrund der Annahme, das Passa sei ein Substitutopfer für die ursprünglich geforderte und dargebrachte menschliche Erstgeburt, und GASTER: "...to establish ties of kinship, revitalize the family or clan..." (Passover 21, siehe insgesamt 17ff.).

66) Daß das Mahl ursprünglich nicht zum Passa gehörte, sondern erst nach dem Bedeutungsverlust des apotropäischen Blutritus im Kulturland und nach der Berührung und Verbindung mit dem Mazzotfest von diesem übernommen wurde (so LAAF 111.127.149f.156.169 mit Verweis auf HENNINGER, demzufolge bei den Arabern bei apotropäischen Blutriten das Fleisch öfters vergraben

gen die sehr konkreten Bedrohungen durch den bösen und mißgünstigen Wüstendämon, den משחית[68], denen besonders die Erstgeburten als die Zeichen des Wohlstandes und der Fruchtbarkeit ausgesetzt sein werden. Daß sich außer dieser Abwehr- und Schutzfunktion möglicherweise noch andere Intentionen mit dem Blutritus[69] verbunden haben: etwa die des Dankes, der Reinigung, Sühne und Versöhnung[7o] oder der Festigung der Gemeinschaft und des Bundes[71], entspräche der Komplexität primitivreligiösen Erlebens und Denkens. Keine Indizien gibt es indes für die gelegentlich geäußerte Annahme[72], daß gerade der Blutritus dem Passaritual erst sekundär eingefügt worden sei.

Alle Einzelheiten des Passa zeigen, daß es sich um ein Ritual armer, nomadisierender Kleinviehhirten handelt. Sie nahmen ein junges Tier[73] der eigenen Herde und schlachteten es in oder vor

---

wurde; vgl. schon eine ähnliche These bei VÖLTER, Passah 4ff., Ursprung 8ff. für die Zeit vor der Jahwisierung des Festes), ist angesichts der Anordnungen von P und des religionsgeschichtlichen Materials unwahrscheinlich. Auch spricht der von LAAF 158 m.R. betonte Sippen- und Gemeinschaftscharakter des Passa gegen diese These. In das andere Extrem droht FÜGLISTER 122 zu fallen, für den die Mahl-Liturgie der "Kern der Paschafeier und eigentlicher Sitz der Paschatheologie" ist.

67) Diese ist von fast allen Exegeten (Ausnahmen: NÖTSCHER 355; WAMBACQ 2o8f. u.ö.: exilischer Reinigungsritus, da Ex 12,21-23 zu P gehörig [s.o.unsere Anm.32]) unterstrichen worden, unbeschadet der genaueren Bestimmung dessen, was abgewehrt werden soll: Pest (so jüngst wieder SCHREINER 82ff.unter Annahme der Kulturlandherkunft des Passa, mit Verweis auf 2Sam 24,13ff.;Ps 78,48ff.), Epidemie, Unglück, der משחית , wirksam im Glutwind der Wüste (KEEL), sogar die verheerende Sonnenglut (VATKE, s.u. unsere Anm.79) oder die bösen Einflüsse des Vollmondes (EERDMANS 449.457f.). WAMBACQ 21off. hält eine Spezifikation für unmöglich.

68) In Jes 54,16; Jer 51,1 ist משחית der Name eines unheilwirkenden Dämons; 2Sam 24,16: Würgeengel. Zu שחת in der Bedeutung "verderben, Menschen töten" vgl. 2Sam 1,14; 2Kön 19,12; Hos 11,9; 13,9; Ez 5,16; 2o,17; siehe dazu auch KEEL 422f.

69) Der Blutritus ist für BEER (Pascha 18ff., Pesachim 15ff.) eine junge Interpretation anstelle der ursprünglichen Sitte, sich durch den Genuß des rohen, mit göttlichem Leben erfüllten Fleisches gegen allen Schaden zu schützen, vgl. Ex 12,9 (ähnlich auch VÖLTER, Passah 7f., Ursprung 1o; MOWINCKEL, PsStudien 37; WENDEL 98; NICOLSKY 179; JAMES 152; LODS 294).

7o) So u.a. EWALD, Alterthümer 466; DILLMANN 1o9; STADE, Geschichte 5o1,Theologie 173; HOLZINGER 42f.; KAUTZSCH, Theologie 31; DRIVER LIII.41o; VÖLTER, Passah 9, Ursprung 8.12; KÖNIG, Theologie 29o; A.JEREMIAS 411f.; WENDEL 73; DALMAN 444ff.; MAY 82; PROCKSCH 546 u.ö.; GASTER, Passover 18ff.; VRIEZEN 25.243; EICHRODT 99; RYLAARSDAM 666; FÜGLISTER 97ff.,vgl. auch 255ff.

ihrer Behausung[74], Beziehungen zu Heiligtum und Altar werden nicht erwähnt, auch von einem Priester ist keine Rede, vielmehr wird die Schlachtung vom Sippenältesten vorgenommen. Kultgemeinde ist die Sippe (משפחה). Das Passatier wird, ohne daß ihm ein Knochen gebrochen werden darf[75], ganz am Feuer gebraten; Küchengeräte sind nicht nötig. Abgaben an die Gottheit werden nicht reserviert, vielmehr wird das Tier von der Kultgemeinde ganz gegessen. Dazu kommen ungesäuerte Brote als Nahrung der Nomaden[76] und Bitterkräuter als Pflanzen der Steppe. Die Mahlgemeinde ist, die Hüften gegürtet, Sandalen an den Füßen, den Stab in der Hand, für den unmittelbat bevorstehenden Aufbruch zur Wanderung gerüstet[77].

Als Termin für das Passa wird zwar erst seit exilischer Zeit (Ex 12,2.6; Lev 23,5; Num 28,16; Ez 45,21) die Nacht vom 14.zum 15.Nisan[78] genannt, also normalerweise die Vollmondnacht des Frühlingsmonats, aber:"Dieses Datum muß von Anfang an das Pascha-Datum gewesen sein: da es ein nächtliches Fest und ein Fest der Wüste war, feierte man es bei Vollmond, und zwar nicht notwendigerweise, weil es mit einem Astralkult[79] zusammenhing, sondern

---

71) Vgl. dazu u.a. MARTI, Religion 48.55; KOHLER 333; DRIVER LIII.41off.; KÖNIG, Geschichte 298 Anm.5, Theologie 281 Anm.3; BENZINGER 383 Anm.2; BROCK-UTNE 277; RYLAARSDAM 666; FÜGLISTER 89ff., vgl. auch 233ff.

72) So STADE, Theologie 174; BEER, Pesachim 17f.; JAMES 153; siehe auch MEYER 38f.; WENDEL 73; WILCOXEN 16f.

73) Zu der These, dieses Tier sei ein Erstling gewesen, siehe Kap.IV/1b!

74) An der Zelttür (W.R.SMITH 266 Anm.599 mit zahlreichen Belegen)? Auf der Schwelle (AUERBACH bei SCHMID 44; so auch schon CURTISS 195; OORT 498)?

75) Vgl. dazu neuestens die HENNINGERs Interpretation bestätigenden Ausführungen von STENDEBACH!

76) Es ist wahrscheinlich, daß dieses Essen von Mazzen mit dem Erntebeginn im Kulturland nichts zu tun hat, sondern zu den ursprünglichen Gepflogenheiten der Nomaden gehört (so u.a.ROST, Weidewechsel 1o6; WILDBERGER 49; NOTH, Exodus 77; deVAUX, Studies 1of.; OTTO, Mazzotfest 182f.Anm.5; HALBE, Erwägungen 329.333f.339 u.ö.).

77) Vgl. zur Gesamtcharakterisierung des Passa DHORME 211f. und zu allen Einzelheiten außer den Arbeiten von HENNINGER die vortrefflichen Ausführungen von deVAUX, Studies 3ff.; kürzer COLE 1o3ff. und HARAN, Temples 32of.

78) Der Nisan des nachexilischen Frühjahrskalenders entspricht dem Monat Abib im alten Herbstkalender (vgl. dazu deVAUX, Lebensordnungen I 3o6ff.).

79) VATKE 492ff. sieht im Passa das Siegesfest der Sonne, die durch die Frühlingstagnachtgleiche in das Frühlingssternbild des Widder übergeht (פסח); eine Verbindung von Passa und Sonnenzyklus nimmt für exilisch-nachexilische Zeit auch KAY 439ff. an. Für andere (z.B. BENZINGER 379.382; BERTHOLET I 98; STADE, Geschichte 5o1, Theologie 173; DRIVER 41o; BEER, Pascha

einfach deshalb, weil es die klarste Nacht des Monats war"[8o].

Dieser durch die alttestamentlichen Texte und reichhaltiges religionsgeschichtliches Material gestützten Interpretation des Passa steht eine andere entgegen, die - meist auf der Basis der ursprünglichen oder zumindest seit der Landnahme bestehenden Zusammengehörigkeit von Passa und Mazzotfest - mit der Kulturlandherkunft rechnet und das Passa ganz allgemein in die Kategorie der Wallfahrtsfeste (חגים) einordnet. Hatten mit unterschiedlichen Begründungen bereits VÖLTER, VINCENT und DUSSAUD das ägyptische bzw. kanaanäische Kulturland als Heimat des Passa angesehen[81], so ist diese Bestimmung im Rahmen der kultphänomenologischen Forschungen der "Myth and Ritual" - Schule im Gefolge von S.H.HOOKE[82] und E.O.JAMES[83] in dem Sinn spezifiziert worden, daß das Passa in das ritual pattern des im ganzen Alten Orient verbreiteten Neujahrsfestes gehöre, eines Prozessionsrituals, in dem der König eine zentrale Stellung hatte.
In diesem Rahmen sind die Arbeiten von Ivan ENGNELL und Judah Ben-Zion SEGAL[84] entstanden, wobei die des letzteren die bis heute umfangreichste, detaillierteste und vollständigste Untersuchung über das israelitische Passa ist. Ohne daß wir uns hier mit diesen Arbeiten im einzelnen auseinandersetzen können, muß unter-

---

17f., Pesachim 14f., Exodus 64f.; WENDEL 201; MAY 82; HOOKE 5o; HAAG, Paque 113o, Neues Pascha 49f.; J.B.SEGAL 132.197; M.H.SEGAL 147; vgl. dazu KAY 436f.) sind das Datum und der Name (VOllmondnacht, Schlachtung nach Sonnenuntergang, "Nacht der Beobachtung" Ex 12,42; פסח als Durchlaufen des Höhepunkts der Planetenbahn) des Passa Indizien für ein Mondfest. Kritisch dagegen u.a. LODS 293; HENNINGER, Fêtes 415, Frühlingsfeste 384; KAY 445f. (in vorexilischen Quellen kein fixiertes Datum!).

8o) deVAUX, Lebensordnungen II 348, siehe auch Studies 13f.; ebenso EISSFELDT, Feste 552; A.JEREMIAS 411; J.JEREMIAS 78; ROST, Weidewechsel 1o5; GASTER, Passover 17; PROCKSCH 544 u.ö.; HAAG, Ursprung 35; KUTSCH, Erwägungen 19, Feste 911; J.GRAY 674; SCHMIDT, Glaube 116; OTTO, Mazzotfest 184. Zur Auseinandersetzung mit der schon von A.B.EHRLICH I 312 und ELHORST 138 vertretenen und von MAY 74f.; AUERBACH, Feste 1f.; OTTO, Mazzotfest 182f. Anm.5; siehe auch vRAD, Deuteronomium 79 erneuerten These, in Ex 13,4; 23,15; 34,18; Dtn 16,1 sei חדש mit "Neumond" zu übersetzen, vgl. HORST 113f.; KUTSCH, Erwägungen 18f.; J.B.SEGAL 132f.Anm.4 und KAY 445.

81) Zu Unrecht schwankend zwischen Wüstenherkunft und Kanaan als Heimat OORT 5o3.

82) 47-5o.

83) 152ff.

84) Zu den Details des Frühlings-Neujahrsfestes siehe ENGNELL 45ff. und J.B. SEGAL 117ff. ENGNELL hat seine Auffassung erneut dargelegt unter dem

strichen werden, daß sie hinsichtlich ihrer Methode unannehmbar sind, in ihren Einzelinterpretationen häufig gegen die alttestamentlichen Texte gehen[85] und die Besonderheiten und historischen wie traditionsgeschichtlichen Entwicklungen des Passa im Rahmen der Geschichte Israels nicht in der gebührenden Weise berücksichtigen.

Allen in diesem Zusammenhang genannten Autoren fehlt, was indes ihrer Meinung nach kein Mangel, sondern nur die Konsequenz aus der sich im Rahmen jahrhundertelanger Umbildung und Anreicherung im lebendigen Kult vollziehenden Entstehungsgeschichte der alttestamentlichen Überlieferung ist[86], eine literarkritisch gesicherte Ausgangsbasis, die eine unverzichtbare Voraussetzung für jede sachgemäße historische Kritik bleibt. Sie ist, sofern es um die Rekonstruktion historischer Sachverhalte und Entwicklungen geht, auch nicht schon mit der Annahme gegeben, daß die vom Endredaktor des Pentateuch vorgenommene Anordnung ursprünglich (nach Inhalt und Entstehungszeit) selbständiger und verschiedenartiger Traditionen die Entwicklung des Passa exakt wiedergebe[87]. Der Nachweis der Legitimität, Israels Kult im Rahmen eines allgemein-orientalischen Pattern zu interpretieren, wird auch durch SEGALs undifferenzierte Begründung[88] nicht erbracht[89].

Stichwort "På̊sk" in: Svenskt Bibliskt Uppslagsverk, Bd.II, Stockholm ²1962, 664-672. Dieser Artikel findet sich in englischer Übersetzung in I.ENGNELL, A Rigid Scrutiny. Critical Essays on the Old Testament, Nashville 1969, 185-196.

85) Vgl. z.B. die dem Mose in Ex 12 zugeschriebene Rolle und die von SEGAL 117ff.126ff. angenommenen Reinigungs- und Prozessionsriten!

86) Im Gefolge von PEDERSEN, Passahfest 165 siehe ENGNELL 43 und J.B.SEGAL 7off. Vgl. dazu auch die Kritik der in unserer Anm.17 genannten Autoren, besonders aber die ausführliche Auseinandersetzung, die MOWINCKEL in seinem Aufsatz "Die vermeintliche 'Passahlegende' Ex.1-15" speziell mit PEDERSEN geführt hat mit dem Ziel, jede methodisch einseitige Alternative zwischen Literarkritik und Traditionskritik zu überholen und beide zu einer fruchtbaren, den alttestamentlichen Texten allein gerecht werdenden Synthese zu verbinden.

87) J.B.SEGAL 76f.

88) "Nevertheless, we have found in our survey that there are phenomena common to New Year festivals throughout the Near East (erg.: vgl. die Ausführungen 117ff.). The Israelites were derived from this area, and developed within it. They were heirs to the same traditions as their neighbours. Although they moulded their own cast of thought and faith... yet their thought and faith were that of the general commonalty of the Near East, and the idiom in which they were expressed was the idiom of the Near East" (126).

Ist zudem ein sachgerechtes Erfassen historischer, also auch religionsgeschichtlicher Phänomene nur möglich durch eine ausgewogene Kombination der historischen, phänomenologischen und systematischen Fragestellung[9o], dann wirft bereits der methodische Leitsatz ENGNELLs: "...since our interest in the problem is above all a phenomenological one, we can abstain from such an historical reconstruction"[91], das Ergebnis mit der inneren Folgerichtigkeit des Methodenmonismus voraus, macht aber auch die schon aus übergreifenden Gründen abgelehnte literarkritische Methode nachträglich überflüssig, weil methodisch irrelevant. Von den spezifischen Eigenarten, die das Passa innerhalb des Alten Testaments in den einzelnen Stadien seiner Geschichte und im Vergleich mit ähnlichen Festen der Umwelt zu einer durchaus besonderen Größe machen, bleibt bei den Interpretationen der Kultphänomenologen nicht viel übrig, auch dort nicht, wo J.B.SEGAL[92] die spezifischen Eigenarten des israelitischen Passa aufführt, die im altorientalischen Neujahrspattern ohne exakte Parallelen sind, sich aber gleichwohl voll in Geist und Praxis dieses Festes einfügen.

Niemand kann heute mehr übersehen, auf wie vielfältige Weise Israel in seinen kultischen, kulturellen, mythologischen und rechtlichen Traditionen mit seiner Umwelt verflochten ist. Dies hatte schon die Religionsgeschichtliche Schule gesehen, sich aber im Wissen um die spezifischen Eigenarten jeder historischen Erscheinung um die Erfassung des Besonderen, des Charakteristischen und Unverrechenbaren in Israels Religion bemüht[93]. Der Einbruch der Phänomenologie in die alttestamentliche Forschung hat nun aber unter methodisch konsequenter Mißachtung der spezifischen historischen Vorgegebenheiten und Zusammenhänge diese Eigenarten mehr und mehr aus dem Blickfeld gerückt.

---

89) Aus methodologischen und sachlichen Gründen ablehnend auch die Rezensionen von CHILDS (siehe auch seinen Exoduskommentar 185f.) und KOSMALA: "We cannot look for 'patterns' unless we have first a clear picture of the Hebrew concept" (5o5).

9o) Vgl. dazu PHILIPP 37ff.

91) 43f.

92) 156ff.

93) Vgl. dazu die kurze Darstellung von KRAUS, Geschichte 295ff.

Zusammenfassend kann gesagt werden, daß auch die überaus gelehrte Abhandlung J.B.SEGALs die von ENGNELL[94] formulierte scharfe Ablehnung der Interpretation des Passa aus dem Lebensbereich der weidewechselnden Kleinviehnomaden nicht zu begründen vermag.

Nach diesen Ausführungen zum Passa kehren wir, zum folgenden Kapitel überleitend, zu unserer literarkritischen Analyse von Ex 11-13,16 zurück, die thematisch und durch das Nebeneinander von Erzählung und kultischen Anweisungen auch formal den Zusammenhang von Auszug aus Ägypten und Passa schon im ältesten literarisch faßbaren Traditionsbestand dokumentierte. Literarisch-kompositorisch ist dieser Zusammenhang, also die Einordnung der Passaelemente in die erzählende Tradition von letzter Plage und Exodus, unserer Untersuchung schon in J vorgegeben. Bei der fundamentalen Bedeutung, die die Exodustradition für den Glauben Israels hatte (Kap.I), und bei dem Sinngehalt und Zweck des Passa (Kap.III) ergibt sich daraus die Frage, wie es zu dem in Ex 11f. literarisch bezeugten Zusammenhang gekommen und wie dieser im einzelnen ausgestaltet worden ist. Es wird daher, vom literarischen Befund ausgehend, überlieferungsgeschichtlich zu fragen sein nach Ort und Zeit der Entstehung sowie nach den Motiven und traditionsgestaltenden Auswirkungen dieses Zusammenhangs.
Wir lassen uns bei diesen Fragen ein Stück weit von den Ausführungen Georg FOHRERs[95] leiten, die er in seiner Auseinandersetzung vor allem mit NOTHs These gemacht hat, die Erzählung von Passanacht und Exodus habe "im Zusammenhang mit dem weiterhin jährlich begangenen Passah ihre Gestalt gewonnen"[96], die Erzählung vom Auszug aus Ägypten sei also dadurch, daß der Passabrauch "eine spezielle geschichtliche Beziehung erhielt als ständig wiederholte kultische Vergegenwärtigung des einen großen 'Aufbruchs', nämlich des Aufbruchs aus Ägypten"[97], im Zuge ihrer Überlieferung im Passafestkult "im Sinne der Passah-Riten gestaltet"[98] worden.

---

94) "First of all it is indisputable that this 'desert interpretation' of the Paesah is not based upon, or even compatible with the sources themselves" (45).

95) Überlieferung 89ff., zusammengefaßt auch Einleitung 128f., Geschichte 55f.

IV. Der überlieferungsgeschichtliche Zusammenhang von Exodus und Passa in der vordeuteronomischen Tradition

1. Die Verbindung von Passa und (Tötung oder Bewahrung der) Erstgeburt als überlieferungsgeschichtliche Keimzelle der Plagen-Exodus-Erzählung?

Es ist immer wieder behauptet worden, die Erzählung von den ägyptischen Plagen mit dem folgenden Auszug sei aus dem Kern der kultischen Regelung des Passa "herausgesponnen" worden (siehe z.B. WELLHAUSEN, MEYER, BEER, GRESSMANN, PEDERSEN, NOTH). Wir verdeutlichen uns den hier ins Auge gefaßten überlieferungsgeschichtlichen Vorgang an den Ausführungen Martin NOTHs, die er zuerst in seiner "Überlieferungsgeschichte des Pentateuch"[99] gemacht hat. Er geht davon aus, daß die Erzählung von der Herausführung aus Ägypten, deren Grundbestand notwendigerweise Mitteilungen über die Bedrückung der Israeliten in Ägypten, über ihren Aufbruch und ihre Errettung vor den sie verfolgenden Ägyptern enthalten mußte, durch die Erzählung von den ägyptischen Plagen aufgefüllt worden sei. Von ihnen lief die letzte in der Form einer Begründung auf das Auszugspassa hinaus. Aus zwei Gründen: 1. weil "sich eine Erzählung dem Verständnis in der Regel von ihrem Ende her, auf das sie hinausläuft"[100], erschließt, 2.weil das Passa "ein vermutlich uralter Opferbrauch mit eigener Begründung und Bedeutung"[101] ist - sei von diesem Ritus die Entfaltung der Erzählung von der letzten Plage ausgegangen; das Passa sei also das primäre, selbständige Element, der überlieferungsgeschichtliche Ausgangspunkt für die Erzählung von der Plage gewesen, die die Tötung der ägyptischen Erstgeburten betraf. An diesen Grundstock hätten sich dann "aus dem erzählerischen Motiv der Vervielfältigung und

96) Exodus 69.
97) Exodus 71.
98) Ebd.
99) 7o-77, siehe auch Exodus 68-71.
1oo) ÜPent.71
1o1) Ebd.

Steigerung noch allerlei Geschichten von vorangegangenen Plagen und damit die Vorstellung eines wachsenden göttlichen Druckes auf die hartnäckigen Ägypter und ihren verstockten Pharao"[1o2] angeschlossen[1o3]. Im Zentrum des Passa stehe der Gedanke von der Tötung der Erstgeburt; vor dieser Tötung habe der apotropäische Blutritus schützen sollen.

Tötung der Erstgeburt - das ist das Thema, das die Beschäftigung mit den historischen und überlieferungsgeschichtlichen Problemen angeregt hat. Es sind im wesentlichen drei Varianten einer Lösung, die als Antwort auf die Frage geboten wurde, ob das Motiv der Tötung der Erstgeburt etwas mit dem Passa in der Weise zu tun habe, daß es zur Ausgestaltung der Plagen-Exodus-Erzählung dienen konnte:

a) die Tötung primär der menschlichen Erstgeburt, b) die Tötung der tierischen Erstlinge, c) der Schutz vor allem der menschlichen und tierischen Erstgeburt im Bereich des Passablutritus. Allen Varianten gemeinsam ist die von GRESSMANN[1o4] formulierte Ausgangsthese: "Um die Idee von der Tötung der Erstgeburt zu erklären, darf man... nicht von den Plagen ausgehen, sondern nur vom Pascha".

a) Die erste Variante der Lösung haben vor allem Hugo GRESSMANN[1o5] und Sir James FRAZER[1o6] geboten, denen sich JAMES[1o7] und HOOKE[1o8] angeschlossen haben; in eingeschränkter Form findet sie sich auch bei BROCK-UTNE[1o9] und PROCKSCH[11o], bei ersterem mit besonderer Hervorhebung der Aufbruchsituation.

Hinter der Erzählung von der letzten Plage zeichnet sich die Er-

---

1o2) ÜPent.74.

1o3) So schon GRESSMANN, Mose 1o1; auch FOHRER, Überlieferung 96 erkennt in der 1o.Plage, der "Urplage", den überlieferungsgeschichtlichen Ausgangspunkt für alle weiteren; vgl. dazu die Skepsis von SKA (unsere Anm.29).

1o4) Mose 1o1.

1o5) Mose 1oo-1o4.43o.461, vgl. auch Anfänge 46.51.

1o6) Bough 174ff.

1o7) 151-153.

1o8) 48f.

1o9) 275-277.

11o) 546.56o.656; vgl. auch BERTHOLET I 1oo; LÖHR 182; RYLAARSDAM 667; FÜGLISTER 68ff.; M.H.SEGAL 145f. und zu einer seltsamen Modifikation: gelegentliche Opfer von fremden Gefangenen als Reinigungsopfer beim Passa, BEER, Pesachim 11f.

111) Dieses Opfer begründet JAMES 152 im Horizont des altorientalischen Neujahrsfestes mit dem Ziel "to renew the vigour of the king in order to

innerung an ein großes Massaker von menschlichen Erstgeburten ab (FRAZER, JAMES[111]), und zwar in der ursprünglichen Version der hebräischen Erstgeburten. Nur bei Annahme dieser ursprünglichen Sitte (Ex 22,29) wird die Erzählung von der Begründung des Passa verständlich. Diese Erzählung hat in wesentlichen Umrissen die Erinnerung an den blutigen Horror einer solchen Passanacht lebendig erhalten, wie FRAZER[112] mit viel Phantasie eindrücklich dartut:

> "The Angel of Death was abroad that night; into every house he entered, and a sound of lamentation followed him as he came forth with his dripping sword. The blood that bespattered the lintel and door-posts would at first be the blood of the firstborn child of the house; and when the blood of the lamb was afterwards substituted, we may suppose that it was intended not so much to appease as to cheat the ghastly visitant. Seeing the red drops in the doorway... he would pass on in haste. And the trembling parents, as they clasped their little one to their breast, might fancy that they heard his footfalls growing fainter and fainter down the street. In plain words, we may surmise that the slaughter was originally done by masked men..., who went from house to house and were believed by the uninitiated to be the deity or his divine messengers come in person to carry off the victims".

Will man also die Tötung der ägyptischen Erstgeburt erklären, so hat man vom Passa-Erstgeburtsopfer auszugehen. Um dieses Passa zu feiern, hat Mose vom Pharao die Entlassung der Israeliten gefordert. Weil aber Pharao Jahwe "die menschliche Erstgeburt der Hebräer verweigerte, die sie ihm am Sinai opfern sollten"[113], darum hat Jahwe (ursprünglich nur) den erstgeborenen Sohn des Pharao und erst in späterer Ausgestaltung der Erzählung die erstgeborenen Söhne aller Ägypter getötet. Im Verfolg der damit angezeigten Tendenz, die Plage zu vergrößern, ist dann dieser Kern durch die Zufügung der Tötung auch der tierischen Erstlinge erweitert worden.

In ihrer jetzt im Alten Testament vorliegenden Form spiegeln die Passatexte eine weiterentwickelte Form des Brauchs. Sie bezeugen die (infolge des Anwachsens menschlicher Gefühle - FRAZER -) er-

---

revivify the forces of Nature", BROCK-UTNE mit der religionsgeschichtlich gut belegten Anschauung (vgl.CURTISS 2o3ff.), daß die Erstgeburt Gott gehört und ihm deshalb gerade in der Situation des Aufbruchs nicht vorenthalten werden darf. Für Kinder- und speziell Erstgeburtsopfer findet sich u.a. bei FRAZER, Bough 16off. reichhaltiges und weitgestreutes religionsgeschichtliches Vergleichsmaterial.

112) Bough 177f.

113) GRESSMANN, Mose 1o3.

leichterte Form eines stellvertretenden tierischen Opfers. Diese Substitution des menschlichen Erstgeborenen durch ein Tier wird begründet in Gen 22. Das Passa bezeugt demnach jetzt die Israel einst erwiesene Gnade der Verschonung vor dem Erstgeburtsopfer (BROCK-UTNE, PROCKSCH), es ist ein Bundesfest. Das Blut am Eingang der Behausung zeigt an, daß das Substituttier geschlachtet, damit die menschliche Erstgeburt ausgelöst ist und die drinnen feiernde Familie zur Bundesgemeinde Jahwes gehört.
Die so durchgeführte Bestimmung des Passa und die Herleitung der Plagenerzählung aus dem Kern des menschlichen Erstgeburtsopfers kann, auch abgesehen von FRAZERs schreckensvollen Detailschilderungen, vom alttestamentlichen Text her nicht begründet werden. Sie entbehrt von vornherein so lange einer gewissen Stringenz, als nicht die Möglichkeit widerlegt ist, daß die Tötung der ägyptischen Erstgeburten in ihrem Kern auf ein historisches Ereignis zurückgeht und nicht bloß ein kultischer Reflex ist. Zudem kann auch Ex 22,29b so lange kein ausreichender Beleg sein, wie die sich hier stellenden Fragen: ob 1.die Aufforderung: "Den Erstgeborenen unter deinen Söhnen sollst du mir geben" nur im Sinn eines blutigen Opfers und nicht etwa im Sinn einer Weihe (siehe 1Sam 1,11.27f.) verstanden werden kann und ob 2. die Abgabe der menschlichen Erstgeburt in der Form eines Opfers wirklich jemals in Israel geleistet oder nicht von Anfang an durch ein Ersatzopfer abgegolten wurde (Ex 13,13.15; 34,2o; Num 8,16; 18,15), nicht jeweils im ersteren Sinn beantwortet sind.Texte wie Ri 11,3o-4o, wo die Handlungsweise des Jephta deutlich als eine Ausnahme in extremer Notlage hervorgehoben ist (siehe ähnlich das Handeln des Königs von Moab 2Kön 3,27), und Gen 22,1-14[114], wo ebenfalls das Gewicht auf das Außerordentliche der Aktion gelegt wird, bestätigen den Zweifel daran, daß es je ein regelmäßiges, mit bestimmten kultischen Terminen verbundenes Erstgeburtsopfer in Israel gegeben hat. Zudem fällt auch in Gen 22,13 auf den Akt der Substitution kein besonderes Gewicht, und das tieri-

---

114) Vgl. dazu die Beurteilung von GUNKEL 24o-242, der nach eingehender Würdigung auch der Vorgeschichte von Gen 22 zu dem Urteil gelangt, daß auch im ältesten uns erreichbaren Israel das Kinderopfer nicht allgemeine Sitte gewesen zu sein scheine (242).

sche Ersatzopfer wird verbrannt und nicht als ganzes gegessen. Verbrannt werden auch die unter dem Einfluß des phönizischen Baalskultes in Israel (Tophet-Kultstätte im Hinnomtal bei Jerusalem) eingedrungenen Kinderopfer, die als mit dem Jahweglauben unvereinbare heidnische Praktiken scharf verurteilt werden (Lev 18,21; 2o,2ff.; 2Kön 16,3; 21,6; Jer 7,31; 19,5; Ez 16,2o; 2o, 26; Mi 6,7)[115]. Zudem müßte man, da nach den alttestamentlichen Texten das Passaopfer verzehrt wird, mit einer ähnlichen Sitte beim Opfer der menschlichen Erstgeburt rechnen und folglich für die alte Zeit Kannibalismus annehmen; denn die wesentlichen Elemente und die Intention dürften trotz der angenommenen Substitution des Erstgeborenen durch einen tierischen Erstling gleich geblieben sein. Aber für die Annahme eines solchen Kannibalismus gibt es keinen Anhaltspunkt, vielmehr widerspricht einer solchen Sitte die in der Umwelt Israels praktizierte Vergrabung oder Verbrennung der Erstgeburtsopfer[116]. Schließlich widersprechen auch die besondere Wertschätzung der Erstgeborenen im Alten Testament sowie das Lebensgefühl und andere rituelle Praktiken der Halbnomaden der hier zur Diskussion stehenden These. Unter Beiziehung dieser und anderer Argumente kommt daher J.B.SEGAL[117] in Übereinstimmung mit den meisten Gelehrten zu dem eindeutigen Urteil: "In none of these respects can any resemblance be seen to alleged human firstborn sacrifice among the Israelites and its replacement later by an animal sacrifice".

b) Die zweite Variante der überlieferungsgeschichtlichen Lösung, nämlich die, daß das Passa das Opfer der tierischen Erstlinge war[118], hat den weitesten Anhängerkreis gefunden.Aus dieser kultischen Regelung des Passa sei die Plagenerzählung derart herausgesponnen oder zumindest ausgeprägt worden, daß - und hier wiederholt sich die Argumentation, die wir bereits bei der ersten Variante fanden -der Pharao die Erstlinge, die die Israeliten

---

115) Vgl. dazu GESE 175f.

116) Siehe dazu HENNINGER, Frühlingsfeste 385 und die dort aufgeführte Literatur.

117) 1o2.

118) Zu den Motiven eines solchen Opfers vgl. DILLMANN 126; DRIVER 4o9; BEER, Pascha 15, Pesachim 12; WELLHAUSEN, Reste 98; SMITH 189; FÜGLISTER 64.

(beim Wüstenfest) zu opfern gewohnt waren, zurückhielt und darum Jahwe strafend mit der Tötung der ägyptischen Erstlinge und, als unüberbietbare Strafe, der menschlichen Erstgeburten gegen den Pharao und die Ägypter vorging. Bündig hat schon WELLHAUSEN[119] in einem seither häufig aufgegriffenen Satz[12o] formuliert: "Der Natur der Dinge entspricht es einzig, die Sitte des israelitischen Erstlingsopfers als Mutter der Erzählung von der Tötung der ägyptischen Erstgeburt anzusehen; ohne Voraussetzung der Sitte würde die Erzählung unerklärlich und die sonderbare Auswahl, welche die Pest unter den Menschen trifft, völlig unmotivirt sein".

Zu welch einseitig überlieferungsgeschichtlicher Argumentation manche hier verleitet werden, mag etwa PEDERSENs[121] Zugeständnis illustrieren, daß zwar weder Ex 12 noch die anderen alttestamentlichen Gesetzestexte von einem Erstlingsopfer beim Passa reden, gleichwohl müsse aber ein solches angenommen werden, da ein wesentlicher Teil der Festlegende Ex 1-15 über diesem Thema gebildet worden sei!

Es sind, abgesehen von der umstrittenen Frage, ob das Frühlingsopfer der vorislamischen Araber wirklich ein Erstlingsopfer war, im wesentlichen drei Begründungen, die für die These vom Passa als einem Erstlingsopfer[122] ins Feld geführt werden und die sich mit J.B.SEGAL[123] wie folgt formulieren lassen:

1. "the occurence of the Pesaḥ in the spring, which is held to be the season for the yeaning of lambs and kids"[124]; 2. "the

---

119) Prolegomena 85.

12o) Vgl. NOWACK II 147; BEER, Pesachim 11; siehe auch MEYER 37.4o; GRESSMANN, Mose 1ooff.

121) Passahfest 166, Israel III-IV 398f.

122) SMITH 189f. mit WELLHAUSEN, Prolegomena 84f.; MOULTON 69o; HOLZINGER 41f.; KAUTZSCH, Theologie 32 + Anm.4; MEYER 4o; KITTEL, Religion 34, Geschichte 3o9 Anm.3+4; BEER, Pesachim 11f.; STEUERNAGEL 112; GUTHE 221; BERTHOLET I 1oo, II 258; HÖLSCHER 29.77.79f.; DHORME 211; LODS 292; BUBER 1o3.122; PROCKSCH 546; HORST 11o (als ursprünglicher Brauch, der allerdings in Ex 12 und Dtn 16 abgeschliffen ist als Folge der Kultuszentralisation,die auch das Passa betraf); HAAG, Ursprung 35.37.39, Paque 113o, Bundesfeier 34 (siehe aber die nach allem zuvor Gesagten überraschende Revokation Neues Pascha 61 Anm.166); HENNINGER, Fêtes 41off., Frühlingsfeste 384ff. (zum arabischen radschab-Opfer als Erstlingsopfer Fêtes 4o3ff., Frühlingsfeste 377f.); GRELOT/PIERRON 15,25.3o u.ö.; EICHRODT 92; RYLAARSDAM 667; FÜGLISTER 4o.63ff.; HERRMANN, Aufenthalt 82f.; KORNFELD 117f.; siehe auch BRANDON 115; HEILER 151; HERTZBERG 34f.

emphasis in the story of the Exodus Pesaḥ on the firstborn and (to a lesser degree) the firstlings motif"; 3. "the appearance of the regulations on firstlings sacrifice in close proximity to the Pesaḥ regulations" (Ex 13,1f.11-16; Dtn 15,19-23).
In leichter Modifikation dieser These haben mehrere Autoren zwar die Annahme, das Passa sei ursprünglich und wesentlich ein Erstlingsopfer gewesen, abgelehnt, aber doch die Möglichkeit zugestanden,daß schon bald nach dem Auszug, vielleicht schon in vorkanaanäischer Zeit, das Passa einen alten Frühlingsbrauch in Gestalt derDarbringung der Erstlinge in sich aufgenommen habe[125].
Die entgegengesetzte Entwicklung: eine allmähliche Trennung von Passa (häusliches Opfer) und Erstlingsopfer (im Heiligtum auf dem Altar dargebracht), möchten andere, wohl unter dem Eindruck dessen, was die alttestamentlichen Texte sagen und was nicht, annehmen, die das Passa von seinem Ursprung her als Erstlingsopfer verstanden hatten[126].
Daß diese These vom Passa als Erstlingsopfer eine ausreichende Begründung in den alttestamentlichen Texten findet, ist, solange es Befürworter gibt, auch nachdrücklich und ausführlich bestritten[127] und damit zugleich die überlieferungsgeschichtliche These, die 1o.Plage sei aus dem Passa-Erstlingsopfer entwickelt worden, abgelehnt worden.Die wesentlichen Gründe einer solchen Bestreitung seien kurz zusammengefaßt:
1. In den ausführlichen, Passa und Erstlingsopfer betreffenden

---

123) 1o4.

124) Das hatten schon WELLHAUSEN, Reste 98; SMITH 189f. und LAGRANGE 256.298f., der allerdings die Erstlinge als exklusive Passaopfergabe ablehnt, unterstrichen; vgl. dazu noch HENNINGER, Fêtes 395 + Anm.4, Frühlingsfeste 376.392 Anm.1o.

125) vORELLI 754; VOLZ 146; HEMPEL 2o2; JOSEPH 4o9; KAUFMANN 235; vgl. dazu auch MARTI, Religion 48.59.84 (Verbindung frühstens in Kanaan) und ATKINSON 73ff.(Passa in Kanaan am Lokalheiligtum gefeiert, in vordeuteronomischer Zeit mit Darbringung der tierischen Erstgeburten verbunden. Passa und Erstlingsopfer bildeten mit Mazzot die drei Teile des großen Frühlingsfestes).

126) WELLHAUSEN, Reste 98f.; SMITH 189 Anm.388; NOWACK II 147f. + Anm.3; vgl. zu den verschiedenen Wurzeln des Passa und zur späteren Trennung von Passa und Erstlingsopfer auch WENDEL 73.

127) vORELLI 754; EERDMANS 455; DRIVER 411; VOLZ 1o2; BENZINGER 374 Anm.1. 382; NICOLSKY 174ff., von J.JEREMIAS 74 Anm.4 zustimmend erwähnt; DALMAN 447; KUTSCH, Erwägungen 4ff., Feste 911, dem SCHREINER 73 zustimmt; deVAUX, Lebensordnungen II 347f., Studies 6, Histoire 346f.; SCHMID 44;

Texten in Ex 12f. findet sich kein Wort über ein Passa-Erstlingsopfer. Einen derartigen Hinweis hätte man gegebenenfalls vor allem in Ex 12,5 erwarten müssen[128]. Auch haben die deuteronomistischen Bearbeiter die Regelung über die Erstlinge (13,11ff.) an die Anordnungen über das Mazzotfest (13,3ff.), nicht aber an die über das Passa (12,21ff.) angefügt.

2. Die Anordnungen im Bundesbuch (Ex 23,14ff.) und im Festkalender Ex 34 sprechen gegen das Passa als Erstlingsopfer; denn in Ex 34,19-2oabα ist das Erstgeburtsgesetz zwischen die Mazzotanordnungen und den Schluß des Abschnitts V.2obβ (wohl nachträglich) eingefügt[129], wie ein Vergleich mit Ex 23,15 zeigt, und nicht, wie doch im Fall des Passa-Erstlingsopfers zu erwarten wäre, an die Bestimmung über das Passa V.25. Und in Ex 22,28f. wird das generelle Gebot der Darbringung der Erstgeburten ohne ersichtlichen Bezug zum Passa formuliert; zudem soll diese Darbringung auch am 8.Tag nach der Geburt (siehe auch Lev 22,27) erfolgen. Die Kalendierung ist also variabel, während das Passa auf die Vollmondnacht des Frühlingsmonats fällt.

3. Sehr unwahrscheinlich ist es, daß D und vor allem P in seinem Rückgriff auf älteste Überlieferungen bei der wichtigen Frage der Darbringung der Erstgeburten beim Passa von einem ursprünglichen und längere Zeit beachteten Privilegrecht Jahwes abgegangen sein sollten[13o]. Es fehlt jegliche Andeutung, wann und warum so etwas geschehen sein sollte.

4. Nach Dtn 12,6f.17f. ist die Darbringung der Erstlinge der Herde analog der in Dtn 26,1ff. angeordneten Ablieferung der ersten Früchte der neuen Ernte eine Gabe an Jahwe als den Herrn des Volkes und Geber aller Gaben. Die ersten Früchte von Feld und Herde

---

J.B.SEGAL 1o4f.181.267; FOHRER, Überlieferung 91; WILCOXEN 22ff.; AUZOU 18o; teSTROETE 86; LAAF 122; HARAN, Passover 93ff., Temples 325f.; WAMBACQ 212ff.; CHILDS, Exodus 191.194f.; SCHMIDT, Glaube 116; OTTO, Erwägungen 19ff.(Er hatte auf Grund seiner literarkritischen Analyse die Tötung der ägyptischen Erstgeburt mit der vorjahwistischen Tradition von der 1o. Plage [Ex.12,29-32a.33f.39] zusammengebracht und in Ex 12,34.39 die Ätiologie des Mazzotfestes gesehen. So erscheint die Tötung der ägyptischen Erstgeburt als erzählerischer und zugleich ätiologischer Reflex der Tötung der Erstlinge, die Inhalt des Mazzotfestes ist; das Mazzotfest ist mithin Ort der Entstehung und Rezitation des Plagenzyklus [Erwägungen 15ff.]).

128) Daß hier das Opfer der Erstgeburt zurückgetreten sei (so MARTI, Religion 254), wird man nur unter der Bedingung des vorherigen Nachweises behaupten dürfen, daß das Passa (ursprünglich) ein solches Opfer war.

werden also als Dankopfer dargebracht; dies entspricht aber nicht dem Anlaß und der wesentlichen Intention des Passa.

5. Die ohne eine ersichtliche, geschweige denn ausdrückliche Verbindung nebeneinander stehenden Anordnungen Dtn 15,19-23 und 16, 1-8 machen die Annahme, das Passa sei ein Erstlingsopfer (gewesen), schwierig; denn gerade hier hätte doch wohl ein Hinweis darauf nicht fehlen dürfen, daß die rituellen Handlungen beim jährlichen Passa am Zentralheiligtum gemäß 15,19-23 erfolgen sollten[131]. Diese Argumente rechtfertigen das Urteil von J.B.SEGAL[132]: "The regulations on the Pesaḥ are precise and clear,and they contain nothing that can be construed as a reference to firstlings. The firstlings laws are independent of the Pesaḥ laws".

c) Eine dritte Variante der hier zur Diskussion stehenden Lösung bieten NOTHs[133] in kritischer Anknüpfung an Ausführungen PEDERSENs[134] entwickelte Vorstellungen über den Zusammenhang von Exodus und Passa. Er argumentiert vom apotropäischen Blutritus her, einem der beiden wesentlichen Elemente des Passa. NOTH behauptet nicht, daß das Passa identisch sei oder auch nur in wesentlicher Beziehung stehe mit einem Erstgeburtsopfer[135]. Keimzelle der Plagenerzählung ist vielmehr die Vorstellung vom Schutz der menschlichen und tierischen Erstgeburten im Bereich der Wirksamkeit des Blutritus bzw. von ihrer Vernichtung außerhalb dieses Bereiches. Von hieraus erscheint die nun erzählerisch ausgestaltete Tötung der tierischen und vor allem der menschlichen Erstgeborenen bei den Ägyptern als die letzte, unüberbietbare und ausschlaggebende

---

129) So G.B.GRAY 246; KUTSCH, Erwägungen 7f.; KRAUS, Gottesdienst 43; deVAUX, Studies 6; OTTO, Mazzotfest 243, Erwägungen 2o + Anm.61; ähnlich auch NOTH, ÜPent.33; dagegen (in Auseinandersetzung bes. mit KUTSCH) HALBE, Privilegrecht 179ff.211ff.

13o) Siehe die in unserer Anm.126 genannten Autoren.

131) Vgl. dazu die das Verhältnis von Dtn 15,19ff. und 16,1ff. im Rahmen der These vom Passa als Erstlingsopfer betreffenden Deutungen von HORST 11o; BEER, Pesachim 31; GUTHE 227; ATKINSON 78f.; OTTO, Erwägungen 2of.Anm.62.

132) 1o5.

133) ÜPent.71ff., Exodus 68ff.

134) Passahfest 161ff.

135) teSTROETE 86 und FOHRER, Geschichte 55 unterstellen NOTH eine solche Verbindung; vgl. dazu NOTH, Exodus 79.

136) So schon CURTISS 26o; DALMAN 447; BUBER 1o3.

137) Studies 2of., Histoire 347.

Plage, ineins Höhepunkt, Abschluß und Ziel der gesamten Plagenerzählung, während die Israeliten und vor allem ihre Erstgeburten unter dem Schutz des Blutes bewahrt bleiben. Diese mit dem Blutritus verbundenen Vorstellungen sind also die entscheidenden Antriebs- und Gestaltungskräfte der Überlieferung.
Von diesem Verständnis des Passa als einer Schutzschlachtung her, die wahrscheinlich in erster Linie den bevorrechteten menschlichen und den gerade für Nomaden wertvollen tierischen Erstgeburten galt[136], haben u.a. auch deVAUX[137] und HERRMANN[138], allerdings mit deutlicher Reserve gegenüber einer auch bei NOTH zu beobachtenden einseitigen überlieferungsgeschichtlichen Betrachtungsweise, das Medium des Blutritus als wesentliches Verbindungs- und Gestaltungselement hervorgehoben. Daß Israel verschont bleibt, ist das Thema der nach einem stereotypen Schema aufgebauten Plagenerzählung mit ihrem Höhepunkt in Ex 11f., das mit der Intention des Blutritus übereinstimmt. Daß es sich beim ursprünglichen Passa um den besonderen Schutz sowohl der menschlichen als auch der tierischen Erstgeburt handelt, vermag gewiß auch die Erwähnung der tierischen Erstlinge in der Exoduserzählung (Ex 11,5b; 12,12.29b; 13,15a)[139] zu unterstreichen, die zwar etwas beiläufig, weil es im wesentlichen auf die menschlichen Erstgeborenen ankommt, aber doch ständig und ausdrücklich erfolgt.
Blicken wir zurück auf die drei Varianten, die bei der Annahme einer Verbindung von Passa und Erstgeburt zur Bestimmung des überlieferungsgeschichtlichen Zusammenhangs von Auszug und Passa vorgelegt worden sind, so kann als erstes Zwischenergebnis festgehalten werden, daß auf Grund der uns vorliegenden Texte das Passa sicher nicht als Opfer der menschlichen oder/und tierischen Erstgeburt angesehen werden kann, wohl aber als apotropäischer Ritus, der besonders den Erstgeburten galt, der Sitz im Leben für die Entstehung und Ausgestaltung der Plagenerzählung gewesen sein k a n n. Ob diese Möglichkeit zu erhärten ist, muß im folgenden noch untersucht werden. Vorerst bleibt die Frage unbeantwortet,

---

138) Aufenthalt 8off.
139) Vgl. NOTH, Exodus 71; dazu auch unsere Anm.19o!

ob es sich hier wirklich um eine Entstehung der Plagenerzählung aus der Keimzelle des Passarituals handelt oder ob nur eine sekundäre erzählerische Verbindung und Ausgestaltung vorliegt, nach deren Möglichkeiten, Motiven und Sitz im Leben natürlich zu fragen wäre.

Die nachhaltige Betonung der ägyptischen Erstgeburten in der Erzählung von der letzten Plage, die in dieser Ausschließlichkeit vom Passablutritus nicht voll gedeckt ist, weil, wie doch wohl Ex 12,22b zeigt, nicht n u r die Erstgeburten im Bereich des Blutritus geschützt bzw. außerhalb dieses Bereichs gefährdet waren, wirft nämlich die Frage nach einem die Traditionsbildung auslösenden, vor aller kultischen Ausgestaltung durch den Ritus liegenden historischen Ereignis auf, das hinter der Erzählung von der letzten Plage liegt. Wiederholt und in den verschiedenen literarischen Schichten (Ex 11,5; 12,12.29; 13,15) ist von der Tötung aller ägyptischen Erstgeburten die Rede, nie aber ausdrücklich vom Schutz speziell der israelitischen Erstgeburten. Diese Beobachtung warnt zumindest vor allzu schematischen und exklusiven überlieferungsgeschichtlichen Herleitungen, die die Frage nach einem auslösenden historischen Ereignis hinter der Plagenerzählung vorschnell überspringen. Denn wenn das Thema 'Erstgeburt', in welcher Form auch immer, ursprünglich mit dem Passaritus verbunden, die Keimzelle und gestaltende Kraft der Plagenerzählung gewesen wäre, bliebe die Nichterwähnung der israelitischen Erstgeburten in diesem Zusammenhang schwer verständlich.

Ernstlich ins Auge zu fassen ist auch ein Prozeß, der die in den voranstehenden Lösungsversuchen dargestellte Entwicklung zumindest ergänzt in der Weise, daß die Erzählung ihrerseits auf die Darstellung und Interpretation des Ritus eingewirkt hat und dadurch einzelne Elemente des Ritus umgestaltet wurden.

Eine doppelte Aufgabe ist damit gestellt: 1. die Überprüfung des von FOHRER[140] gegen NOTHs überlieferungsgeschichtliche Herleitung ins Feld geführten Arguments, daß es "höchst fraglich (sei), ob

---

140) Überlieferung 92.

schon in sehr früher Zeit mit der historisierenden Beziehung des Passa auf die Auszugsgeschichte zu rechnen ist"; 2. die Beantwortung der Frage, ob sich hinter der Erzählung von der letzten Plage ein historisches Ereignis ermitteln läßt. Für die Lösung der ersten Aufgabe sind wir an die älteste, vordeuteronomische Überlieferung gewiesen; denn daß eine (ausdrückliche, V.1) historisierende Verbindung in Dtn 16,1-8 vorliegt, wird von FOHRER in Übereinstimmung mit einigen Exegeten, die schon früher im Blick auf die vordeuteronomische Tradition sehr zurückhaltend bis ablehnend waren[141], nicht bestritten. Nur wenn in dem vordeuteronomischen Kern von Ex 11f. eine Historisierung des Passa vorliegt bzw. wenn eine solche in anderen vordeuteronomischen Traditionen nachzuweisen ist, kann die Plagen-Exodus-Erzählung in ihrem frühsten, literarisch erreichbaren Stadium vom Passaritus beeinflußt worden sein. Für die Lösung der zweiten Aufgabe werden wir ein wenig über Ex 11-13,16 hinausgreifen und die historischen Hintergründe des Auszugs zu erfassen suchen müssen.

2. Die Historisierung des Passa in der vordeuteronomischen Tradition

Wenn wir von Historisierung sprechen, dann ist damit gemeint, daß kultische Bräuche, die ihre Wurzeln und ihren ursprünglichen Auslegungshorizont im zyklischen Lebensverständnis der Naturreligion haben, auf bestimmte Ereignisse der Heilsgeschichte bezogen werden. Sie werden von den heilsgeschichtlichen Überlieferungen in der Weise rezipiert, daß sie im Zusammenhang mit diesen ätiologisch begründet und erklärt werden mit dem Ziel, ihre Fortsetzung im Rahmen der neuen geschichtlichen Situation zu legitimieren. Diese Tendenz der Historisierung entspringt einem starken Wesenszug der israelitischen Religion und stellt eine prägende Grundstruktur alttestamentlicher Frömmigkeit dar. Während in seiner Umwelt die Feste in der mythischen Geschichte der Götter begründet sind, begründet sie Israel durch das in seiner Geschichte er-

141) Siehe etwa WELLHAUSEN, Prolegomena 85; MARTI, Religion 254; BEER, Pascha 28; MOWINCKEL, PsStudien 2o5; auch HEILER 155.

fahrene Handeln Jahwes. Auf diesem Wege empfängt das Naturfest seinen heilsgeschichtlichen Charakter, seine einzelnen Riten werden zu Erinnerungsträgern einer grundlegenden, nunmehr ein für allemal mit ihnen verknüpften Heilstat.
Wie steht es mit einer solchen Historisierung des Passa in der vordeuteronomischen Tradition? Die wenigen uns zur Beantwortung dieser Frage zur Verfügung stehenden alttestamentlichen Texte sind nicht sehr ergiebig, vermögen aber doch im Zusammenhang mit Überlegungen, die sich an die deuteronomische Verordnung Dtn 16, 1-8 und die Notiz 2Kön 23,21-23 anschließen, einige Hinweise zu geben.
Umstritten hinsichtlich ihres Alters ist die Erwähnung des Passa in Ex 34,25, einem Anhang des Festkalenders (V.18-23) im sog.Kultischen Dekalog. Wahrscheinlich ist nicht die Kennzeichnung des Passa als חג[142], sondern, wie ein Vergleich mit(dem ursprünglicheren?) Ex 23,18 nahe legt, " הפסח ", die generelle Angabe spezifizierend, interpoliert, so daß ursprünglich זבח חג(י) zu lesen wäre[143]. Möglicherweise ist aber gar זבח הפסח oder זבח חג הפסח oder sogar V.25b insgesamt (nach)deuteronomischen Ursprungs[144]. Im Blick darauf muß auch die Herkunft des ganzen Abschnitts Ex 34,1o-26 bedacht werden,den z.B. PERLITT[145] im Gefolge ALTs für ein sekundäres Mischgebilde aus deuteronomischer Zeit hält.
Häufig hat man im Zusammenhang mit Ex 34,25b auch Ex 23,18b, Anhang an den Festkalender (V.14-17) des Bundesbuches, als eine

---

142) STADE, Theologie 197; MOULTON 684; NICOLSKY 172f.; NOTH, Exodus 218; deVAUX, Studies 1.23f.

143) WELLHAUSEN, Prolegomena 82 Anm.1. 84; ARNOLD 9; HORST 1o9 Anm.25o; MERENDINO 129f.; THOMPSON 6of.;LAAF 44; HALBE, Privilegrecht 196; OTTO, Mazzotfest 177 Anm.1. 246f.Anm.4.

144) Siehe dazu mit gewissen Nuancierungen MAY 66; PFEIFFER, Introduction 224, Religion 94; RYLAARSDAM 668; FOHRER, Überlieferung 93, Geschichte 9o.199; HAAG, Neues Pascha 29ff.; SCHREINER 76 Anm.42; KUTSCH, Erwägungen 7, vgl. auch Anm.3, dazu (und damit implizit zu ähnlichen Interpretationen) kritisch HALBE, Privilegrecht 196f.: V.25b nachdeuteronomisch.

145) 222ff.; vgl. auch SCHMIDT, Glaube 47ff.; Smend, Entstehung 68.1oo.

146) So schon MOULTON 684; OORT 496; DRIVER 98; ARNOLD 9; HORST 1o9 Anm.25o. HAAG, Neues Pascha 21.29ff. möchte Ex 23,18 in den Bereich der deuteronomischen Passaform verlegen. Dagegen hat nach älteren Befürwortern (u.a.HOLZINGER 97; BEER, Exodus 12o; AUERBACH, Feste 8; GRELOT/PIERRON 3o; ATKINSON 77) jüngst wieder HARAN, Passover 96ff., Temples 327ff.

Passaanordnung verstanden. Aber diese Deutung ist vom Wortlaut her und ohne den Rahmen von Ex 34,25b durchaus unsicher; die Anweisung hat keinen speziellen Bezug zum Passa (vgl.Lev 7,15)[146]. Wieso ist es nicht ausdrücklich erwähnt, wenn es gemeint war? Von seinem Ursprung, seiner Form und Intention her läßt es sich anderen Opferbräuchen nicht ohne weiteres einordnen.
Was also Ex 23,18b und 34,25b angeht, ist diese Textgrundlage zu unsicher, als daß sich in unserem Zusammenhang darauf weiter bauen ließe.
Auf festeren Grund begeben wir uns mit Ex 12,21-23.27b,das zum ältesten Bestand von Ex 11-13,16 gehört. Die Zugehörigkeit dieses Stückes zu J ist weithin akzeptiert[147]; aber auch unabhängig von dieser literarkritischen Zuordnung stehen das hohe Alter und die Herkunft dieses Überlieferungsstückes fest. Sie ergeben sich daraus, daß nicht von Jahwe, sondern von einem Dämon, dem משחית , die Rede war, der im jetzigen Text ganz unmotiviert auftaucht; denn im übrigen Bericht von letzter Plage und Passa wird stets von Jahwe als von dem gesprochen, der das Unheil bringt (Ex 11,5; 12,23.29; vgl. dazu die abgeblaßte Vorstellung in Ex 12,13 P). Das rechtfertigt die Annahme, daß die überlieferungsgeschichtliche Urform von Ex 12,21-23 in eine Zeit zurückreicht, in der die Israeliten noch nicht Jahwe verehrten[148]. Aber auch der Sinngehalt des Blutritus, die in V.21 vorausgesetzte Ordnung der Großfamilie (משפחה) und das Fehlen eines eigenen Kultdieners weisen auf das hohe Alter der Tradition hin.

V.18 im Zusammenhang mit 34,25b ausführlich als Passaanordnung zu erweisen versucht. Für einen solchen Bezug von Ex 23,18 (E) und 34,25 (J) auf das Passa plädiert auch WAMBACQ 3o8ff.315f.319.

147) Vgl. die Liste bei LAAF 19 Anm.82. Selbst wenn Ex 12,21-23 mit FOHRER, Überlieferung 82f. nicht zu J, sondern zu N (bei anderen zu L oder J_1, vgl. unsere Anm.33+34) zu rechnen wäre, würde sich an der Argumentation nichts Wesentliches ändern; denn einmal haben beide Quellen FOHRER zufolge (Einleitung 179) etwa die gleiche Entstehungszeit, sodann ist auch in N, die zur Erweiterung von J herangezogen wurde (FOHRER, Überlieferung 85, Einleitung 173ff.), der Passaritus nicht ohne Verbindung mit dem Auszug erwähnt worden (FOHRER, Überlieferung 85, Einleitung 176).

148) GRESSMANN, Mose 1o3, siehe auch Anfänge 51 und WENDEL 61.7o, stellt den Sachverhalt auf den Kopf, wenn er meint, der Würgeengel sei ein jüngerer Ersatz für Jahwe, der in der ältesten Sage selbst als Würger gedacht war, dann aber auf Grund des verfeinerten ethischen Empfindens einer späteren

Unbeschadet der richtigen Beobachtung FOHRERs[149], daß in dem vordeuteronomischen Kern von Ex 12 - gemäß dem Thema des Erzählungszusammenhangs - zwar der Blutritus erwähnt wird, nicht aber das Passa<u>mahl</u>, ist damit die Annahme nicht widerlegt, daß das Passa schon in diesem alten Kern eine historisierende Beziehung zum Exodus aufweist. Denn einmal ist der Zusammenhang literarisch-kompositorisch durch die Einordnung der Passaelemente in die Plagen-Exodus-Erzählung hergestellt und wird durch die thematische Verknüpfung Ex 11,5; 12,23.29 verstärkt; sodann ist es im Blick auf den Vorstellungsgehalt des Passa wie auf die Umstände des Exodus verständlich, daß sich die Einordnung des Passa in die Erzählung auf die Auswahl des apotropäischen Blutritus beschränkte, ist doch das Thema von Ex 11f. die Verschonung Israels bei gleichzeitiger Vernichtung der ägyptischen Erstgeburten. Ist so das Passa mit der Verschonung der Israeliten verknüpft, dann ist es wesentlich auch mit dem Auszugsgeschehen verknüpft.[15o]

Gelegentlich[151] ist darauf hingewiesen worden, daß in Ex 12,21-23 (J) Reste eines Rituals vorliegen. Sollte dieses in seiner Urform in vorjahwistische Zeit hinaufreichen (LAAF), so würde seine Aufnahme durch J bedeuten, daß einige Jahrhunderte nach der Landnahme dieses Ritual, vom Jahweglauben adaptiert, noch bekannt und damit wohl auch im Gebrauch war; denn das Fortleben eines sol-
N chen Rituals ohne kultischen Lebensraum wäre schwer erklärbar.

Generation jene schaurige Arbeit einem Diener überließ. Daß diese Interpretation unwahrscheinlich ist, zeigt der Umstand, daß sonst offenbar ohne Bedenken gesagt werden kann, <u>Jahwe</u> habe die Ägypter geschlagen (11,4f.; 12,27.29).

149) Überlieferung 94f. Weniger überzeugend (wegen der im Blutritus konzentrierten Bedeutungsgehalte des Passa) seine These, die Erzählung von N benutze den Blutritus, "weil Blut benötigt wurde und nicht aus Interesse am Passa; sie gibt demgemäß eigentlich nicht Anordnungen über das Passa, sondern über einen Blutritus" (Überlieferung 95).

15o) Man kann daher nicht mit WILDBERGER 46 die Verbindung des Passa mit der Verschonung der Erstgeburten der Israeliten von der mit dem Auszug trennen; denn wenn das Passa als ursprünglich apotropäischer Ritus im Kulturland weiterhin gefeiert und dabei der Verschonung der Israeliten in Ägypten gedacht wurde, dann war das der Kern des Exodusgedächtnisses.

151) teSTROETE 9; ähnlich WILDBERGER 45; OTTO, Mazzotfest 176, Erwägungen 18 Anm.56; OTTO/SCHRAMM 1o (Ex 12,21-24 formgeschichtliche Einheit); SCHREINER 8of. LAAF 23f.1o4.116.165 u.ö. versucht, auf Grund von wortstatistischen, gattungskritischen und inhaltlichen Erwägungen ein vorjahwistisches, von Beziehungen auf den Exodus freies Passa-Ritual herauszudestillieren, dessen Sitz im Leben der rituelle Kodex der Sippe war.

Ob darüber hinaus die in V.22 genannten בתים (samt Schwelle und Türpfosten) ein Hinweis auf die Seßhaftigkeit in Kanaan, wo dieses Fest weiterhin gefeiert wurde, sein können[152], mag man im Zusammenhang der soeben angestellten Überlegungen weiter fragen, ohne daß eine klare Antwort möglich ist; denn einmal können die בתי ם auch die Verhältnisse in Ägypten im Auge haben, sodann ist auch das Wohnen von Kleinviehnomaden in Häusern nichts Außergewöhnliches[153].

Nach dem zu Ex 12,21ff. Gesagten hat das Urteil von KRAUS[154] einiges für sich, daß bereits der Jahwist eine Historisierung des Passa voraussetzt. Jos 5,1o-12 weist in die gleiche Richtung. Ausgehend von der sich bereits auf GRESSMANN und ALT stützenden Erkenntnis NOTHs[155], daß es sich in Jos 2-9 um einen Komplex ätiologischer Lokalsagen[156] benjaminitischer (und ephraimitischer) Provenienz handelt, die im Heiligtum von Gilgal geformt und tradiert wurden, hat zuerst KRAUS[157] die kleine Notiz Jos 5,1o-12 kult- und traditionsgeschichtlich einzuordnen und auszuwerten versucht. Die von ihm eingeleiteten Forschungsbemühungen haben in der umfangreichen Arbeit von E.OTTO: Das Mazzotfest in Gilgal (1975) einen gewissen Abschluß erfahren.

Jos 5,1o-12 läßt sich als Ganzes schwerlich einer der Pentateuchquellen zuweisen, auch nicht P[158], auf dessen Hand lediglich die Datumsangabe in V.1ob (ebenso die sekundär in 4,19 als Vorberei-

---

152) So DHORME 211, dem ROWLEY 48 zustimmt; HOOKE 5o (im Rahmen der Annahme kanaanäischer Herkunft des Passa); auch MEYER 38; GRESSMANN, Mose 1o4.

153) Vgl. KLENGEL 2o5; auch HAAG, Paque 1127, Bundesfeier 35 + Anm.8, Neues Pascha 51. Die Erwähnung der בתים spricht also nicht gegen nomadische Herkunft der Passaregelung (gegen SCHREINER 82).

154) Gottesdienst 63; ähnlich schon NOWACK II 174; BEER, Pesachim 26.3o, Exodus 62; PROCKSCH 546; KAUFMANN 116; WILDBERGER 45; WEISER 38f.; später auch HERMISSON 16; J.G.PLÖGER 1o8 Anm.187; LAAF 117ff.; HAAG, Neues Pascha 61 + Anm.164; HARAN, Passover 115 Anm.1; deVAUX, Histoire 345.

155) Josua 11f.

156) Daß ihrer Entstehungsgeschichte nicht mit den Mitteln der traditionellen Pentateuch-/Hexateuch-Quellenhypothese beizukommen ist, veranschaulichen eindrucksvoll die Aufstellungen LANGLAMETs (21ff.) zu Jos 3f.

157) Gilgal 181ff., Passah-Massot 5o.54-58, Gottesdienst 67.19o-193.

158) Anders in neuerer Zeit wieder KUTSCH, Erwägungen 2of.; FOHRER, Überlieferung 93, Geschichte 9o; GRELOT/PIERRON 58; ATKINSON 82; BLENKINSOPP 288; HARAN, Passover 91, Temples 321f. (für V.1of.); LOHFINK, Priesterschrift 198 Anm.29. 2o5; zu älteren Autoren siehe LAAF 87 Anm.421. AUZOU 179 + Anm.1. 181f.: Text literarisch nicht sehr alt (letzte Redak-

tung von 5,1o hinzugefügte) und die Wendungen ממחרת הפסח und בעצם היום הזה in V.11 zurückgehen[159]. Daß man V.1o-12 nicht insgesamt wird P zuschreiben können, wird gestützt durch die umrahmenden Lokaltraditionen (Jos 5, 2-9 und 5,13-15), die in nur geringfügiger deuteronomistischer Bearbeitung in die Komposition des Josuabuches aufgenommen wurden.
Für eine alte selbständige Lokaltradition in Jos 5,1o-12[16o] lassen sich des weiteren sprachliche Indizien[161] und die Art der zeitlichen Verknüpfung von Passa und Mazzotessen anführen, die sich hier offensichtlich aus der konkreten Situation ergibt, nicht aber als fester, durch göttliches Gebot eingesetzter und legitimierter Festbrauch in Gestalt einer Kombination von Passa und siebentägigem Mazzotfest erscheint wie dann später in D und P.

Daß in Gilgal nach erfolgreich abgeschlossener Landnahme die Israeliten ein Passa feierten und dazu vom Ertrag des Landes aßen, muß als eine im Sinn einer Lokaltradition bedeutsame Nachricht angesehen werden. Zweifelhaft ist jedoch, ob man daraus ein großes, jährlich wiederholtes Gilgalfest mit zwei zentralen Kultakten: einer kultischen Ladeprozession und dem Mazzotfest, rekon-

---

tion von P), möglicherweise aber alte Gilgaltradition enthaltend. Für OTTO, Mazzotfest 46ff.64f.1o3 gehört 5,1o-12*zur Quelle J innerhalb von Jos 1-12.

159) Mit NOTH, Josua 39, ÜStud.183; KRAUS, Gilgal 197, Passah-Massot 5o; LAAF 88f.1o8 u.ö.; KAY 439 + Anm.18; HALBE, Erwägungen 33o + Anm.4o; WAMBACQ 216. Die ablehnende Stellungnahme von KUTSCH, Erwägungen 21 geht auf die von NOTH, ÜStud.183 + Anm.2 beigebrachten positiven Argumente zugunsten eines hohen Alters der Tradition Jos 5,1o-12 nicht ein.

16o) So außer NOTH und KRAUS (siehe unsere Anm.159) HERTZBERG 34f.; BRIGHT, Joshua 575; FÜGLISTER 27f.; HAAG, Neues Pascha 67ff.; SOGGIN, Gilgal 263ff.(bes.273f.), Joshua 74; ROST, Passa 169 (zu V.1o); deVAUX, Studies 2; KAY 439 + Anm.18; HALBE, Erwägungen 33o + Anm.4o. 332f.; LAAF 86ff.: "bedeutend älter" als P (91.114),jedoch zweifelhaft, ob zur Überlieferung des Gilgal-Heiligtums gehörig (89.91.167). Kritisch zur Ortsangabe auch HAAG (s.o.), der בגלגל, weil in G* fehlend, im MT für sekundär hält und die Sage in/bei Jericho lokalisiert. Dagegen wieder OTTO: Mazzotfest 185 Anm.3: Gilgal ursprünglich. Zu erwägen wäre auch eine der Straffung dienende sekundäre Streichung von ויחנו בגלגל durch G* (wegen 4,19) oder Homoioteleuton (V.9, so jetzt wieder WAMBACQ 216). Für alt halten auch WILDBERGER 52f. und OTTO, Mazzotfest 176ff. die Überlieferung Jos 5,1o-12, allerdings nur insoweit sie das Mazzotfest betrifft(siehe auch SCHREINER 86); die Passathematik sei überlieferungsgeschichtlich und literarisch sekundär hinzugefügt. Aber m.E. sind die Argumente für diese Auffassung nicht ausreichend (gegen OTTO, Mazzotfest

struieren kann, wie es nach etlichen Vorgängern[162] zuletzt E.OTTO versucht hat. Ausgehend von einer literarkritischen Analyse von Jos 3-5,1[163], die zur Feststellung zweier, in gemeinsamer Grundüberlieferung wurzelnder[164] Quellen führt[165]: einer vordeuteronomischen Quelle A[166] und einer umfangreicheren, deuteronomistisch überarbeiteten oder gar verfaßten Quelle B, rekonstruiert er die beiden kultischen Festakte[167].
So imponierend diese Rekonstruktion ist[168], so fraglich ist doch, ob das Textfundament sie trägt. Zunächst muß festgehalten werden, daß in Jos 5,1o-12 von einem Mazzot<u>fest</u> nichts verlautet[169] und daß die Eliminierung der Passathematik aus dem Grundbestand kaum gerechtfertigt ist[17o]. Auch machen einzelne kultisch-liturgische Elemente in Jos 3f., die in der Tat nicht zu leugnen sind und auf eine festliche Begehung in Gilgal hindeuten (so weit mit KRAUS u.a.), den Text im ganzen noch nicht zu einer Festliturgie[171]. Zur Vergegenwärtigung der Landnahme u.a. heilsgeschichtlicher Ereignisse bedarf es keiner kultdramatischen Jordanprozession.

---

184): wortstatistische Argumente sind bei der äußerst schmalen Vergleichsbasis ohnehin kaum tauglich, und daß V.1o-12 auch ohne die Passathematik einen glatten Zusammenhang darstellt, kann kein Sachargument gegen diese Thematik sein, auch nicht, daß sie in V.11 fehlt (falls man ממחרת הפסח als einen störenden Einschub ansieht). Kritisch gegenüber einer Streichung der Passathematik auch HALBE, Erwägungen 33of. + Anm.44.

161) Siehe die im Alten Testament singulären Ausdrücke מצות וקלוי und עבור (im Gefolge von NOTH, ÜStud.183 + Anm.2 siehe dazu OTTO, Mazzotfest 62f. 177f.). Auch ist in P das Passa-Mazzotfest nur auf den Exodus, nicht aber auf die Landnahme bezogen.

162) KRAUS, Gilgal 181ff., Gottesdienst 183ff.; WILDBERGER 55ff.; SOGGIN, Gilgal 263ff.; vorsichtig auch HERTZBERG 31; modifiziert WIJNGAARDS 1o7ff. (siehe dazu unsere Anm. 12).

163) Mazzotfest 26ff.

164) Mazzotfest 163ff.

165) Text: Mazzotfest 46ff., Zusätze: Mazzotfest 5off.

166) Wahrscheinlich Abschluß von J (Mazzotfest 1o3).

167) Ladeprozession von Sittim im Ost- nach Gilgal im Westjordanland (167ff.) und Mazzotfest mit den Traditionsinhalten Landnahme (191ff.), Bund (199ff.3o6ff.), Exodus (186ff.u.ö.).

168) Einen forschungsgeschichtlichen Überblick zu Jos 3-5 mit zahlreichen und komplizierten literarkritischen, überlieferungs- und kultgeschichtlichen Problemen bieten HULST, Jordan 169ff.; LANGLAMET 13ff.; OTTO, Mazzotfest 19ff.1o4ff.

169) Zutreffend HALBE, Erwägungen 331ff.

17o) Siehe unsere Anm.16o.

171) So m.R. KUTSCH, Erwägungen 2off.; HAAG, Neues Pascha 67ff.; HULST, Jor-

Bedeutsam für unseren Zusammenhang ist die Tatsache, daß das Passa, auch wenn ihm kein großes Gewicht zukommt, hier in einer Lokaltradition ätiologischen Charakters erscheint. Das berechtigt zu der Vermutung, daß schon in der ersten Zeit nach der Landnahme das Passa zum Erinnerungsträger und Repräsentanten grundlegender Erfahrungen, d.h. historisiert wurde.
So wäre Jos 5,1o-12 der älteste Hinweis auf Entstehungsort und -zeit solcher Historisierung des Passa. Sie hatte auf jeden Fall zur Voraussetzung, daß die grundlegende Bedeutung der Auszugstradition für den Glauben - zunächst einzelner Gruppen, schließlich ganz Israels - feststand. Das Passa wurde zum Anlaß, bei dem man sich Jahwes Heilshandeln vergegenwärtigte.
Nun kann man, die Vorgeschichte Israels in den Blick nehmend, fragen, ob Ansätze für diese Historisierung nicht schon in der Vorlandnahmezeit der Gruppen gegeben sind, die später in Gilgal ihre Landnahme feierten und die Exodustradition mitgebracht hatten. Dann ergäbe sich die Möglichkeit, daß das Passa, sofern es ein unter Kleinviehnomaden weithin bekannter Brauch und deshalb auch den genannten Gruppen bekannt war, schon in der Zeit zwischen dem Exodus und der Landnahme von diesen Gruppen auf den Auszug bezogen wurde. Wie die Exodustradition nach der Landnahme im Zuge der Konstituierung Israels allmählich nationalisiert wurde - ein Prozeß, der möglicherweise in Gilgal einsetzte -, so hat auch das Passa als Fest des Exodusgedächtnisses immer mehr Raum gewonnen.
Daß es in der Frühzeit schon ein Passa Gesamtisraels gegeben hat, darauf verweist sehr deutlich 2Kön 23,22a[172] - eine Notiz, die sich auf das im 18.Regierungsjahr Josias im Rahmen der großen Kultreform gefeierte Passa bezieht. Daß aber dann "das nomadische Hirtenfest offenbar im Zuge der fortschreitenden Kanaanisierung bald nicht mehr gefeiert worden(ist), wie II Reg 23 ausdrücklich

---

dan 178; VOGT 142ff.; LANGLAMET 142f.; siehe auch NOTH, Josua 33; SCHREINER 86 und SCHMITT 161ff.

172) Der historische Gehalt von 2Kön 23,21-23 ist noch nicht durch das deuteronomistische Sprachgewand oder durch das Datum (vgl. 2Kön 22,3 und 23,23) diskreditiert (gegen WÜRTHWEIN 4o7ff., dazu auch unsere Anm.24o).

173) FOHRER, Überlieferung 93, vgl. ebenso auch Geschichte 9of. Noch radikaler jetzt SCHREINER 78ff., der Ex 12,21-23 als ältesten Passatext dem

erklärt"[173], ist aus folgenden Gründen zweifelhaft: Erstens besagt die Notiz 2Kön 23,22a keineswegs, daß das Passa seit der Richterzeit nicht mehr gefeiert worden ist, geschweige denn, daß es in der Richterzeit noch gar nicht existiert habe (SCHREINER).Gesagt ist nur, und dies mit Nachdruck (vgl. V.23), daß הפסח הזה , d.h. ein Passa gemäß den Anordnungen des neu gefundenen Gesetzbuches und somit ein Passa Gesamtisraels an einem zentralen Kultort seit den Tagen der Richter nicht mehr gefeiert worden war. Zweitens ist es schwer denkbar, daß die Anordnungen des Gesetzbuches und das darauf gründende Unternehmen Josias eine Neuerung in dem Sinne waren, daß seit mehreren hundert Jahren das Passa nicht mehr gefeiert worden war. Denn wenn diese Anordnung überhaupt einen politischen und kultischen Sinn und Aussicht auf den angestrebten Erfolg haben sollte, so mußte sie an eine im Volk lebendige Tradition anknüpfen, nicht aber einen Brauch zum Leben zu erwecken suchen, der seit vorstaatlicher Zeit nicht mehr begangen worden war[174]. Daß mit einem lebendigen, wenn auch in der durch Ex 12,21ff. und 2Kön 23,21ff. angezeigten Zeitspanne literarisch nicht bezeugten und vielleicht aufs Ganze gesehen hinter die an den Heiligtümern gefeierten Feste zurücktretenden Brauch gerechnet werden muß, geht auch aus der im Namen der Zentralisationsforderung geführten Polemik in Dtn 16,5 hervor: "Du darfst das Passa nicht in einer deiner Ortschaften opfern", wenn auch diese Polemik nichts über den genauen Ort der Feier (Häuser der Familien? Lokalheiligtümer?[175]) sagt.

Jehowisten (R^{JE}, älter als D!) zuschreibt und daraus folgert, daß es zuvor den Passabrauch in Israel nicht gegeben, Josia mithin ein völliges Novum geschaffen habe. Nomadische Herkunft des Passa (siehe Kap. III), von SCHREINER 70f. freilich bezweifelt,und die folgenden Überlegungen widersprechen dem, abgesehen von der literarkritischen Beurteilung von Ex 12,21ff. SCHREINER stellt zwar die Differenzen dieses Stücks zum J-Kontext fest, untersucht aber nicht, ob es älter als J sein kann, obwohl er damit rechnet, daß JE altes Material übernahm.

174) Das hat schon VATKE 487 betont: Das gesetzmäßige Passa Josias setzt voraus, daß das Fest schon früher, da aber auf ungesetzliche Weise, gefeiert wurde; denn solche Feste können nicht durch Gesetz (wieder) eingeführt, sondern nur geordnet und umgebildet werden.

175) Wiederholt hat man die Möglichkeit erwogen, daß das Passa, vor allem im Nordreich, wegen seiner zeitlichen Nähe zum Mazzotfest auch schon in vordeuteronomischer Zeit an Lokalheiligtümern gefeiert wurde; diesen Brauch bezeuge das in das Deuteronomium eingegangene, aus dem Nordreich stammen-

Ist nun aber das Passa seit frühster Zeit bis in die Tage Josias hinein gefeiert worden - gefeiert unter Bedingungen, die denen seines Ursprungsbereichs so ganz unähnlich waren[176], so kann als Grund für diesen Fortbestand nur die frühe Historisierung dieses Brauchs, also seine Verbindung mit der Überlieferung vom Auszug aus Ägypten angesehen werden[177]; denn das Passa an sich hatte, auch wenn in ihm für viele über eine begrenzte Zeit hin Erinnerungen an die nomadische Vergangenheit lebendig gehalten werden konnten, keinen Wert, der eine solche mehrhundertjährige Tradition im Kulturland erklären könnte.

---

de Gesetzesmaterial (vgl. dazu BEER, Pascha 11, Pesachim 5.7.23f.; WELCH 28f.; HULST, Deuteronomium 46; ATKINSON 72: feierliche Prozession von den Häusern zum Kultort; ROWLEY 89.118; MERENDINO 15o; ROST, Vorgeschichte 119f., Passa 17o: Festgepflogenheiten einer größeren Gruppe in Gilgal [Jos 5,1o-12], deren Eigenarten in Dtn 16 festgehalten sind; HAAG, Neues Pascha 63 Anm.171; siehe auch die zu einem anderen Ergebnis kommenden Ausführungen von HORST 11off.). Zuletzt ist diese These wieder, m.E. ohne ausreichende Begründung (siehe unsere Beurteilung der angeführten Belegstellen), vertreten worden von WAMBACQ 224.3o1.3o8ff.u.ö. und bes.HARAN, Passover 11off., Temples 327ff.: Das Passa sei ein חג (Ex 34,25b), seit frühster Zeit das mit dem Mazzotfest verbundene Opfer und werde in Ex 12,27a (J!) als זבח bezeichnet, das von Anfang an nur an einem Heiligtum dargebracht werden konnte. Zudem werde in Ex 12,24-27 (J!) die gleiche kultisch-didaktische Terminologie verwendet wie von E im Blick auf Mazzotfest und Erstgeburtsopfer (Ex 13), und es sei schwierig zu verstehen, daß J und E (Ex 23; 34) dem Passa einen "lower status" (Passover 114, Temples 346) gegeben haben sollten als dem Mazzotfest und Erstgeburtsopfer, mit denen es doch in einem Zusammenhang erscheint. Folgerichtig versteht HARAN auch die Polemik von Dtn 16,5 nicht gegen eine häusliche Familienfeier, sondern gegen die Feier am Lokalheiligtum gerichtet (Passover 116, Temples 348). Alle diese Überlegungen sind vage Kombinationen und beruhen auf einem ganz unsicheren Textfundament. In Anspielung auf Ex 5,1; 1o,9 (Wüstenfest, s.unsere Anm.5o + 52) hat HAAG, Bundesfeier 35, Neues Pascha 51 + Anm.144 (siehe auch HERBERT 44; LAAF 157 + Anm.148) die Auffassung vertreten, daß schon in vorkanaanäischer Zeit die Hirten am Lokalheiligtum zusammenkamen; hieran habe die spätere Praxis in Kanaan anknüpfen können (dagegen HENNINGER, Frühlingsfeste 384); vgl. einen ähnlichen Versuch schon bei HOLZINGER 38 von der Interpretation des Terminus פסח im Sinn eines kultischen Umlaufs um das Heiligtum her. Unhaltbar ist schließlich die, die Pentateuchquellenkritik ignorierende These von KUGLER 81f.; vORELLI 752 und BAUER 794, das Passa sei (nach der Landnahme) immer am zentralen Heiligtum gefeiert worden.

176) Vom Text her kaum begründen läßt sich die Auffassung, das Passa sei nur oder doch bevorzugt von solchen Gruppen weiterhin gefeiert worden, die dem nomadischen Lebensbereich beruflich oder geographisch besonders eng verbunden blieben wie die Hirten oder die Südreichbewohner (so WELLHAUSEN, Prolegomena 88; STADE, Theologie 174f.; BEER, Pascha 25f., Pesachim 22f.; G.B.GRAY 244.253; PFEIFFER, Religion 94; LAAF 159. Kritisch dazu J.B.SEGAL 94f.

177) So m.R. CHILDS, Exodus 187.194; OTTO/SCHRAMM 15ff.

3. Die Frage nach einem historischen Kern in der Erzählung von der letzten Plage

Wir kommen damit zu der zweiten oben (S.43) gestellten Frage. Sind bisher gegen FOHRERs Bedenken zwei wesentlichen Vorbedingungen für NOTHs These von der Ausgestaltung der Auszugstradition unter dem Einfluß des Passaritus erfüllt: die Kennzeichnung der mit dem Blutritus verbundenen Vorstellungen als wesentliches Element einer solchen Ausgestaltung und der Nachweis einer historisierenden Beziehung des Passa auf den Exodus schon in der vordeuteronomischen Tradition, so besagt dies doch nicht, daß wir auf die Alternative: geschichtliches Ereignis oder kultische Regelung als Keimzelle der Plagenerzählung festgelegt wären, so daß bei einer Verifikation der These von der Ausgestaltung der Erzählung durch das Passaritual die Frage nach einem historischen Kern a limine irrelevant oder gar schon negativ beantwortet wäre. Es ist das Verdienst FOHRERs, gegenüber vorrangig überlieferungsgeschichtlich oder kultphänomenologisch orientierten Arbeiten die Notwendigkeit und das Recht betont zu haben, die biblischen Überlieferungen auf ihren historischen Ausgangspunkt hin zu befragen; denn "Geschichten kreisen um Geschichte"[178]. Wenn auch dieses Urteil FOHRERs das Ergebnis einer solchen Befragung nicht präjudizieren kann, so ist doch damit eine, gemessen an der Eigenart des alttestamentlichen Glaubens unverzichtbare Fragestellung in den Blick genommen, deren Ergiebigkeit freilich von der Art und dem Umfang des literarischen Materials abhängt, das dafür zur Verfügung steht.
Im Zusammenhang unseres Themas ist die Frage nach einem historischen Kern in der Plagenerzählung eine sich aus den überlieferungsgeschichtlichen Überlegungen notwendig und legitim ergebende Teil- , nicht aber die Kernfrage. Sie geht auf die Feststellung aus, ob die Erzählung aus dem Passaritual herausgesponnen, also in ihrer Entstehung nur der Reflex einer kultischen Handlung ist

---

178) FOHRER, Überlieferung 7; vgl. dazu auch die Intention von HERRMANNs Untersuchungen (Aufenthalt 1o).

mit der Aufgabe, diese Handlung in ihrem historisierenden Bezug ätiologisch zu begründen, oder ob sie ihre Entstehung einem historischen Ereignis verdankt, das seinerseits, primär und selbständig, eine Traditionsbildung verursacht hat, die dann im Zuge ihrer Ausgestaltung durch allerlei kultische Einflüsse und theologische Deutungen beeinflußt worden sein mag.Wenn in der Erzählung von der letzten Plage ein historischer Kern als ein selbständiges, vom Passa unabhängiges traditionsbildendes Element stecken sollte, wenn sich andererseits das Passa als ein vom Exodus ursprünglich unabhängiges Ritual erweist, ist damit erneut die Frage aufgeworfen, wie die historisierende Verbindung von Exodus und Passa auf die erzählerische Ausgestaltung der Plagen-Exodus- und der Passatradition gewirkt hat.

Nach Auskunft der anerkanntermaßen sehr alten, möglicherweise Urgestein der Exodusüberlieferung darstellenden Notiz Ex 14,5a hat Israel das Land Ägypten fliehend, d.h.ohne Wissen und Wollen des Pharao, verlassen[179]. Diese Notiz steht im Gegensatz zu der mit der Passa-Erzählung gegebenen Begründung des Auszugs und ist offenbar im Zuge der Ausgestaltung der Erzählung durch andere Motive und Überlieferungen verdrängt und fast verdeckt worden. Dieser Prozeß bestätigt nun aber andererseits die Glaubwürdigkeit der alten Notiz.

Was mag der Anlaß für diese Flucht gewesen sein? Die besondere Natur der Überlieferung von letzter Plage und Exodus macht eine einigermaßen sichere Antwort unmöglich; deshalb sind auch alle Versuche einer Antwort über vage Vermutungen nicht hinausgekommen. NOTH[18o] z.B. denkt daran, daß die nur unter dem Zwang einer Notlage nach Ägypten gekommenen "israelitischen" Kleinviehnomaden ihre alte Freiheit wiedergewinnen und sich von der ihnen vom Pharao auferlegten Fron (Ex 1,11) frei machen wollten, dabei aber

---

179) So GRESSMANN, Mose 1o8, Anfänge 51; NOTH, ÜPent.7o Anm.192, Geschichte 1o9, Exodus 87f. mit ausführlicher Beurteilung von Ex 14,5; FOHRER, Überlieferung 1o7; BOTTERWECK 26; LAAF 117; HERRMANN, Aufenthalt 86, Geschichte 95 +Anm.47; auch vRAD, TheolAT I 26 und BRANDON 111. WEIMAR/ZENGER 22ff.5off.114f. sehen in 14,5a einen Bestandteil der ältesten, vorjahwistischen Exodusgeschichte, die J fast ungekürzt in sein Werk aufgenommen habe; OTTO, Erwägungen 9f. hält im Gefolge anderer 14,5a zusammen mit Ex 3,21f.; 11,2b-3; 12,35f. für eine selbständige Exodusüberlieferung.

18o) Geschichte 1o9; siehe auch HERRMANN, Geschichte 9of.

begreiflicherweise mit den Ägyptern in Konflikt gerieten und verfolgt wurden. Fragen wir weiter nach den besonderen Umständen, die die Erfüllung dieses Wunsches günstig erscheinen ließen, so läßt die Überlieferung an ein großes Unheil denken, das vielleicht aus sonstigen Plagen und Katastrophen, von denen Ägypten heimgesucht zu werden pflegte, herausragte. War es etwa der (plötzliche) Tod des ägyptischen Kronprinzen (Ex 4,22f.)[181], der aus dem erzählerischen Motiv der Steigerung und unter dem Einfluß des Passaritus auf alle ägyptischen Erstgeburten ausgeweitet wurde?[182] Oder war es eine große Epidemie, eine Pest vielleicht, die die ganze (in ihren besonders bevorrechteten[183] Erstgeborenen repräsentierte) Bevölkerung heimsuchte?[184] Nochmals: Wir können Art und Umfang einer solchen Katastrophe kaum mehr fassen. Einen Fingerzeig in die angegebene Richtung gibt die große Bedeutung, die die Erstgeburten in der Erzählung von der letzten Plage haben. Dieses betonte Motiv läßt sich kaum voll aus dem Passaritual erklären, weil es sich bei diesem Ritual zwar bevorzugt, aber keineswegs ausschließlich um den Schutz gerade der Erstgeburt handelt.

Es erscheint daher nicht unsachgemäß, hinter der Erzählung von der letzten Plage ein historisches Ereignis zu vermuten, das ein selbständiges Element der Überlieferung ist und aller Traditionsbildung vorausliegt. Die Erinnerung an dieses im Zusammenhang mit dem Exodus stehende Ereignis hat sich dann unter dem gestaltenden Einfluß des zum Gedächtnis an den Auszug alljährlich gefeierten Passa in der Erzählung von der letzten Plage und dem folgenden Auszug niedergeschlagen[185]. Voraussetzung und fester

---

181) So KÖNIG, Geschichte 298; SCHMID 47; J.B.SEGAL 188; COLE lo7f. (Tod eines älteren Bruders des Mernephtah? Vgl. dazu deVAUX, Histoire 347).

182) Vgl. dazu schon MEYER 37.4o und GRESSMANN, Mose lol.

183) Vgl. dazu KUTSCH, Erwägungen 9 (mit Verweis auf Gen 25,29-34; Dtn 21, 15-17; Mi 6,7); FOHRER, Überlieferung 92; WILCOXEN 26; teSTROETE 86.

184) So u.a. HOLZINGER 39; DRIVER LIV u.ö.; BEER, Exodus 59; GRELOT/PIERRON 26 (mit Verweis auf Ps 78,49-51); FOHRER, Überlieferung 96f.; STALKER 218; BOTTERWECK 31; deVAUX, Histoire 347; siehe auch WEIMAR/ZENGER 114f.

185) Diese Auffassung kommt der von BEER, Exodus 59f. u.a. (siehe unsere Anm. 181 + 184) recht nahe und glaubt die historische Skepsis nicht so weit gehen lassen zu sollen wie z.B.MEYER 31f. und viele der einseitig überlieferungsgeschichtlich argumentierenden Autoren.Ablehnend gegenüber einem historischen Ereignis als überlieferungsgeschichtlicher Keimzelle letzthin wieder OTTO, Erwägungen 6f.Anm.22.

Grund dafür war die historisierende Verbindung von Exodus und Passa, die bereits in Ex 12,21-23 und Jos 5,10-12 bezeugt ist. Welche Faktoren diese Verbindung über eine im Bereich von Kult und Recht überall zu beobachtende allgemeine ätiologisierende und legitimierende Tendenz hinaus bewirkt haben könnten und welche Rückwirkungen auf die Ausgestaltung der Erzählung ebenso wie auf das fortan zur Erinnerung an den Auszug gefeierte Passa von dieser Verbindung ausgegangen sind, gilt es nun noch, die Erörterungen über die vordeuteronomische Tradition abschließend, zu überlegen.

4. Motive der historisierenden Verbindung und erzählerischen Ausgestaltung

Die im folgenden diskutierten Motive einer historisierenden Verbindung und einer wechselseitigen, erzählerisch vertiefenden und historisierend interpretierenden Ausgestaltung von Erzählung und Ritus bleiben notwendigerweise oft im Bereich des Hypothetischen, weil zum einen das die Überlieferung von der letzten Plage auslösende historische Ereignis kaum mehr faßbar und weil zum andern die Grenze zwischen einer auf ähnlichen Erlebnis- und Vorstellungsgehalten beruhenden Verbindung und einer in welche Richtung auch immer im einzelnen gehenden Ausgestaltung durchaus fließend ist.

Die Frage nach verbindenden Motiven, nach hinsichtlich ihrer Erlebnis- und Vorstellungsgehalte gleichen oder ähnlichen Elementen, nimmt die Anknüpfungspunkte und Verbindungsmöglichkeiten in den Blick, die die Beziehung von Exodus und Passa über eine allgemeine historisierende Tendenz hinaus enger gestalten konnten. Sitz im Leben dieser Verbindung und der wechselseitigen erzählerischen Ausgestaltung ist der Passakult.

Als ein wesentliches Element, das die historisierende Verbindung des ursprünglich selbständigen, also ohne einen Bezug zu Jahwe und Exodus gefeierten Passa mit dem Auszug aus Ägypten erleichterte, mitbegründete, jedenfalls intensivierte, ist die mit Festritus und Exodus verbundene Situation des (eiligen) Aufbruchs zu nennen (Ex 12,11; 14,5a). Der jährliche Aufbruch der Kleinviehnomaden, der jedesmal eine neue Epoche im Wanderleben einleitete und der Sicherung der Existenz von Mensch und Vieh diente, wird bezogen auf den einen großen Aufbruch, der Israels Existenz begründete. Die durch äußere Zeichen veranschaulichte Aufbruchsituation des Passa wurde so zur Erinnerung an den Aufbruch aus Ägypten. Hier wie dort bricht ein neuer, entscheidender Zeitabschnitt an.

Weniger klar sind zwei andere Motive, die auch in jüngerer Zeit (wieder) genannt worden sind. Das eine betrifft die Grundbedeutung des Namens פסח , die mit "hüpfen, überhüpfen, überspringen"[186] oder, in Aufnahme eines ägyptischen Lehnwortes, mit "Schlag"[187] wiederzugeben sei. Die an einen Kulttanz erinnernde erstere Bedeutung bezeichnet in der Beziehung auf die Auszugssituation das gnädige Vorübergehen, das Verschonen Jahwes; die zweitgenannte Bedeutung konnte durch ihren Doppelgehalt "Schlag des Verderbers" und "den Verderber (mittels des Schutzritus) schlagen" eine Verbindung zwischen der letzten Plage und dem Passaritus bewirken. Das andere Motiv betrifft den Zweck des Blutritus: Er dient der Befreiung aus dem Herrschaftsbereich eines Wüstendämons[188] und wird nun bezogen auf die große Befreiung aus der Knechtschaft Ägyptens. Aber die Etymologie ist zu unklar und die Interpretation des Blutritus in der soeben dargestellten Weise wohl zu eng, als daß dadurch eine Verbindung wesentlich gefördert worden ist. Denn das Thema des Auszugs ist die Befreiung, das des Ritus die Bewahrung und wohl nur indirekt damit auch der Befreiung von den unheilvollen Wirkungen des Wüstendämons.

Aber auf eine etwas andere Weise hat der Blutritus die Verbindung gefördert: Die Befreiung Israels, die das Thema der Auszugstradition ist, wurde ermöglicht durch Jahwes Schlag gegen die Ägypter

---

186) So in neuerer Zeit wieder HAAG, Paque 113o, Neues Pascha 26.61.

187) LAAF 147 im Gefolge von COUROYER.

188) So LAAF 155.168; als ein Teilmotiv des komplexen Gehalts des Blutritus auch von KEEL 427 akzeptiert.

189) Siehe u.a. STEUERNAGEL 112; KITTEL, Geschichte 373 Anm.6; BEER, Exodus 59f.; HAAG, Ursprung 38; deVAUX, Lebensordnungen II 351, Histoire 348; vgl. auch PEDERSEN, Israel III-IV 4o1 und COLE 1o4. Ob man indes so weit detaillieren darf wie SIMPSON mit seiner Behauptung, daß die Gruppen, die den Auszug miterlebten, in Kadesch Barnea ankamen, als man dort gerade mit dem (hier ursprungshaft verhafteten) Passafest begann (437-439, vgl. ähnlich auch WIDENGREN 42f.), erscheint angesichts der sehr spärlichen Textbelege fraglich.

in der Form der Tötung ihrer Erstgeburten. Warum aber wurde Israel von diesem Unheil nicht getroffen? Darauf gab der Ritus die Antwort: weil es, im Unterschied zu den Ägyptern, unter dem Schutz des Blutes stand.
Schließlich ist häufig als ein die historisierende Verbindung förderndes Moment das Datum genannt worden, an dem das Passa gefeiert wurde und der Exodus stattfand[189]. In den Festkalendern in Ex 23; 34 und Dtn 16 wird nämlich in begründender Verbindung mit den Mazzot - (Ex 23,15; 34,18) bzw. den Passa-Mazzot-Anordnungen (Dtn 16,1) der Frühlingsmonat Abib als Datum des Auszugs genannt. Der Exodus wäre demnach in die zeitliche Nähe des Passa (und des Mazzotfestes) gefallen, was noch unterstrichen würde, wenn es sich bei dem in Ex 3-1o wiederholt erwähnten Wüstenfest wirklich um das Passa handelte. Freilich bleibt zu fragen, ob nicht die Terminierung des Exodus in den Monat Abib erst ein Resultat der historisierenden Beziehung von Mazzotfest und Passa auf den Auszug ist. Auch ist dieses historische Detail nicht so deutlich und fest in der Exodus- und in der Passatradition gleicherweise verankert, daß man entscheiden könnte, ob es die historisierende Verbindung wirklich gefördert oder gar bewirkt hat.
Über diese Verbindungen hinaus zeigen sich nun aber auch recht deutliche Spuren einer erzählerischen Ausgestaltung, die sich sowohl in der Betonung einzelner Details als auch in der Auswahl dessen, was überliefert wird, auswirkt. Dabei ist diese Ausgestaltung offensichtlich wechselseitig erfolgt: gewirkt hat sowohl der Ritus auf die Erzählung als auch die Erzählung auf den Ritus, genauer: auf das, was wir im Zusammenhang der Auszugsgeschichte vom Ritus erfahren.
Ausgestaltend gewirkt hat der Vorstellungsgehalt des Passablutritus über seine verbindende Funktion hinaus insoweit, als 1. nur bei der letzten Plage Israel eines besonderen Schutzes bedarf, um nicht von der die Ägypter treffenden Plage in Mitleidenschaft gezogen zu werden, und 2.möglicherweise der im Passa besonders intendierte Schutz (wie der menschlichen, so) auch der tierischen

---

19o) Ihre Erwähnung halten GRESSMANN, Mose 1oof. + Anm.2; RUDOLPH 23f.275; SIMPSON 178f. und FUSS 258.278 für späteren Zusatz.

Erstgeburt eine über das zum historischen Kern gehörende Unheil hinausgehende Steigerung bewirkt hat in der Form, daß nun auch die tierischen Erstlinge von der Plage dahingerafft werden[19o]. In ähnlicher Weise zu beurteilen ist vielleicht schon die Ausweitung des den Erstgeborenen des Pharao zunächst allein treffenden Unheils (Ex 4,23) auf alle Erstgeborenen der Ägypter. In jedem Fall hat es, einerlei wie stark und zentral gerade der Gedanke vom Schutz der Erstgeburten im Passaritual verankert und wie umfassend die die Flucht der Israeliten ermöglichende Katastrophe war, beim Thema der Tötung der menschlichen und tierischen Erstgeburten Ausgestaltungen gegeben, die, in Anlehnung an den Gehalt des Ritus, ein Produkt der erzählerischen Steigerung sind.

Durchaus denkbar ist auch eine Beeinflussung der Auszugsgeschichte durch die Nachtsituation, in der das Passa gefeiert wurde. Die Betonung der Mitternacht in Ex 11,4; 12,29(3o) und der sich als Folge der Ereignisse jener Nacht anschließende Aufbruch spiegeln den Zeitpunkt, zu dem die Halbnomaden ihr Passa feierten und dann aufbrachen. Wie der Passaritus nachts vollzogen wurde (vgl. die deuteronomischen und priesterschriftlichen Anordnungen in Dtn 16,6 und Ex 12,6.8) und sich nach dem Glauben der Feiernden dabei das Geschick der nächsten Zeit entschied, so hat Jahwe auch in einer Nacht, der ליל שמרים (Ex 12,42, vgl. V.12 und betontes לילה am Versende von Dtn 16,1), das Geschick seines Volkes bestimmt, indem er ihm den Weg zu neuen Lebensräumen und -möglichkeiten eröffnete.

Aber nicht nur eine Gestaltung der Erzählung durch einzelne Elemente des Ritus läßt sich beobachten, sondern auch eine Gestaltung des Ritus durch die Auszugstradition. Infolge des Themas des Erzählungszusammenhangs hat der vordeuteronomische Autor offenbar aus dem Gesamtkomplex des Passa nur den einen Schwerpunkt: den Blutritus und die mit diesem im Zusammenhang stehenden Elemente, ausgewählt, war doch das mit diesem verbundene Thema des Schutzes, der Verschonung das Wesentliche: Israel wurde im Bereich des Passablutritus vor dem Unheil geschützt, die Ägypter außerhalb dieses Bereichs wurden von der Plage getroffen. Vom Passamahl und von der Aufmachung der Passateilnehmer z.B. ist dem-

gemäß in Ex 12,21-23 keine Rede.
Auch daß hier von Jahwe gesprochen wird, zeigt eine direkte oder vielleicht auch erst über den Weg des sich allmählich herausbildenden gesamtisraelitischen Jahweglaubens bewirkte Ausgestaltung durch die Auszugstradition. Denn zweierlei kann schwerlich bestritten werden: zum einen, daß das Passa in vorjahwistische Zeit hinaufreicht, wie die Erwähnung des mit dem ursprünglichen Passaritus offenbar eng verbundenen משחית (Ex 12,23, vgl. auch V.13) zeigt; zum andern, daß das Jahwebekenntnis Israels ursprünglich mit den Exodusereignissen zusammenhängt, wie das alte Mirjamlied Ex 15,21 dokumentiert.
Daß in Ex 12,21-23 eine Adaption des Passa durch den Jahweglauben stattgefunden hat, beweist die Spannung zwischen dem משחית und Jahwe[191] und die auffallende Tatsache, daß sonst immer Jahwe das Subjekt des "Schlagens" ist (Ex 12,23a.29, vgl. 11,4f.). Nicht nur terminologisch: Jahwe als der נגף gegenüber dem משחית im ursprünglichen Ritus, sondern auch im Blick auf die Rolle des Blutes zeigt sich diese Umgestaltung; denn nicht mehr das Blut ist durch die ihm innewohnende Macht das Element, das die Passagemeinde verschont, sondern Jahwe ist der Verschoner, das Blut nur noch Erkennungszeichen, ja schon Bundesmal; denn es bezeichnet den Wohnbereich derer, die Jahwe als sein Volk auserwählt hat und nun erretten wird.
Die Frage schließlich, ob nicht auch die Bestimmung, daß in der Passanacht niemand das Haus verlassen darf, in die Erzählung gehört und von dort aus den Ritus ausgestaltet hat (Ex 12,22b), weil nämlich vom Zweck des Passa her eine Beschränkung der Schutzfunktion nur auf die Häuser als Wohnbereich der Menschen und nicht auch auf das Vieh unverständlich wäre[192], ist kaum positiv zu beantworten, da von der Erzählung her das Motiv des Verbots V.22b unklar bliebe und die Häuser durchaus den gesamten Wohnbereich von Mensch und Tier repräsentieren können, also kei-

---

191) So legen nicht nur formale (siehe unsere Anm.151), sondern auch inhaltliche Gründe die Annahme nahe, daß Ex 12,21ff. eine längere Überlieferungsgeschichte durchlaufen hat. Diese allerdings durch - im übrigen höchst artifizielle - Zerlegung in Quellen und Redaktionen durchsichtig machen zu wollen, wie es z.B. FUSS (s.o.unsere Anm.36) versucht hat, kann kaum überzeugen.

ne Einschränkung auf den menschlichen Lebensbereich darzustellen brauchen, aus dessen Schutz, durch das Passablut bewirkt, das Vieh herausfallen würde.

Fassen wir an dieser Stelle noch einmal den Ausgangspunkt unserer Überlegungen ins Auge: die These NOTHs von einer Ausgestaltung der Plagen-Exodus-Erzählung unter dem Einfluß des Passaritus und ihre Ablehnung durch FOHRER, so können wir nach den voranstehenden Ausführungen mit den durch die Dürftigkeit der Überlieferung bedingten Vorbehalten als Ergebnis formulieren, daß sich NOTHs These in der eingeschränkten Form wahrscheinlich machen ließ, daß in der Erzählung von der letzten Plage und dem durch diese bewirkten Abmarsch der Israeliten mit einigem Recht ein historischer Kern als selbständiges, traditionsbildendes Element vermutet werden darf und daß die Ausgestaltung der ursprünglich voneinander unabhängigen Passa- und Auszugstradition ein wechselseitiger Prozeß war. Entgegen FOHRERs Einwänden ließen sich sowohl eine frühe historisierende Verbindung als auch deutliche Motive für eine Ausgestaltung der Erzählung durch den Ritus und des Ritus durch die Erzählung erkennen.

---

192) Siehe KUTSCH, Erwägungen 4; vgl. auch SCHMID 44f. und aus inhaltlichen und syntaktischen Gründen LAAF 23f.

V. Der Zusammenhang von Exodus und Passa im Deuteronomium und in der deuteronomistischen Paränese

In der deuteronomi(sti)schen Literatur rückt der Zusammenhang zwischen dem geschichtlichen Ereignis des Exodus und der kultischen Begehung des Passa ausdrücklicher in den Vordergrund, als das in der vordeuteronomischen Überlieferung der Fall war. Dabei fällt auf, wie eng in diesem Traditionsbereich Gebot und - nun nicht mehr Erzählung, sondern - Paränese miteinander verbunden sind. Wir haben zu fragen, warum und wozu dieser Zusammenhang so stark betont wird. Wir setzen ein mit einer kurzen literarkritischen und überlieferungsgeschichtlichen Untersuchung von Dtn 16, 1-8, fragen dann nach Struktur, Sitz im Leben und Sinn der Paränese im Bereich der Deuteronomistik und versuchen schließlich den zeitgeschichtlichen und geistigen Hintergrund jener starken Betonung der Beziehung des Passa auf den Auszug zu erfassen.

1. Analyse von Dtn 16, 1 - 8

Die Anordnungen über das Passa stehen im ersten Teil des deuteronomischen Festkalenders (Dtn 16,1-17), der ganz nach der Art der alten Kalender Ex 23,14-17 und 34,18-23 mit der Forderung schließt, daß dreimal im Jahr alle (kultfähigen) Männer Israels[193] vor Jahwe am Heiligtum erscheinen sollen: zum Mazzot-, Wochen- und Laubhüttenfest (V.16).

Angesichts dieser Forderung muß überraschen, daß im ersten Teil (V.1-8) nicht nur, ja gar nicht einmal vorrangig vom Mazzotfest, sondern auch und mit besonderem Nachdruck vom Passa die Rede ist. Das Nebeneinander von Passa- (V.1-3aα.4b [ohne ביום הראשון] .5-7) und Mazzotanordnungen (V.3aβb-4a [und ביום הראשון V.4b] .8) zeigt deutliche Spuren sekundärer Kombination: das עליו in V.3aβ[194]

193) Vgl. die Spannung mit dieser traditionellen Regel, die sich von V.11.14 her ergibt.

194) Es sei denn, man würde es als Dittographie nach עליו in V.3aα streichen (so HALBE, Passa-Massot 15o Anm.14).

im Blick auf V.4b; die Unterbrechung des Mazzotzusammenhangs V.4a.8 durch die Passaanordnungen V.4b-7 bzw. des Passatextes V.3aα.4b durch das Mazzotstück V.3aβb.4a; die Spannungen zwischen V.3aβ (7 Tage Mazzot) und V.8 (6 Tage Mazzot) bzw. zwischen V.7 (Heimkehr nach Passanacht) und V.8 (Bleiben am Heiligtum)[195]. Die dadurch geweckten Zweifel an der ursprünglichen Zusammengehörigkeit von Passa und Mazzotfest haben zu eingehenden Diskussionen darüber geführt, ob denn nun die Passaanordnungen ursprünglich und die Mazzotvorschriften sekundär eingefügt seien oder ob umgekehrt in eine ursprüngliche Mazzotvorschrift die Passaregelungen nachträglich eingearbeitet wurden[196]. So wurde für lange Zeit Dtn 16,1-8 zu der "umstrittenste(n) Perikope des ganzen gesetzlichen Teiles des Dtn."[197]
Im Gefolge des ersten kritischen Versuchs dieser Art, den 1839

---

195) Die harmonisierende Interpretation der Zelte (V.7) als Zelte der Festpilger beim Heiligtum (so A.B.EHRLICH II 298; BAUER 795; ENGNELL 41; KRAUS, Passah-Massot 59f.; GRELOT/PIERRON 36; NEBELING 346 Anm.451; siehe auch PEDERSEN, Passahfest 175) scheitert an der Bedeutung von "zu den Zelten zurückkehren" = "nach Hause gehen" (vgl. Ri 7,8; 2o,8; 1Sam 4,1o; 13,2; 2Sam 18,17; 19,9; 2o,1.22; 1Kön 8,66; 2Kön 8,21; 14,12; 2 Chron 7,1o; 1o,16; 25,22), wie KUTSCH, Erwägungen 12f.; HORST 91; HAAG, Paque 1134, Neues Pascha 79; LAAF 128; HALBE, Passa-Massot 165f. richtig gesehen haben.

196) Die ursprüngliche Zusammengehörigkeit von Passa und Mazzotfest in Dtn 16,1-8 hat in neuerer Zeit außer ZEROFA 247ff. vor allem NEBELING 92ff. zu begründen versucht. Seiner Meinung nach fand die vordeuteronomische Schicht B (verfaßt von einer Gruppe levitischer Priester um 9oo v.Chr. [283-285]) in einer ebenfalls vordeuteronomischen Schicht A (wahrscheinlich aus der Zeit der altisraelitischen Amphiktyonie [27of.]) Anordnungen über Passa und Mazzot, die den in Ex 23,14ff. und 34,18ff. vorliegenden entsprachen, wobei in A wie in Ex 23 und 34 beide Anordnungen noch nicht miteinander verbunden waren. "B hat diese nun miteinander in Verbindung gebracht" (1o3). Den Kern der Passaanordnung bildet Dtn 16,3aα.4b, wobei m.E. durchaus zweifelhaft ist, ob Ex 23,18 eine Passaanordnung ist und ob die Übereinstimmungen zwischen ihr und Dtn 16,3aα.4b wirklich so sind, daß man hier von einer quellenmäßigen Abhängigkeit sprechen kann (vgl. zu einem ähnlichen Versuch, auf der Basis von Ex 23,18 und 34,25 die Entwicklung von Dtn 16, 2-4 aufzuhellen, HARAN, Passover 1o4ff., Temples 335ff.). In den Passakern hat B dann die Mazzotanordnung V.3aβ (aus der Vorlage Ex 23,15; 34,18) eingefügt und diesen Bestand zu dem Komplex V.1.2a.3aα (ohne לחם עני). 4b.6aβ.bβ.7.8a ausgestaltet. Dieser wurde später von deuteronomi(sti)schen Redaktionen D (seit ca.7oo v.Chr. [296ff.]) um V.2b.3b (+ לחם עני).4a.5.6aα.bα erweitert (zur Unterteilung von D in D_1 und D_2 vgl. 346 Anm.452). Eine letzte deuteronomistische oder gar erst priesterschriftliche Redaktion fügte V.8b an. B hatte möglicherweise die Ab-

HITZIG unternahm[198], ist auf dem Wege literarkritischer oder, wie in jüngerer Zeit verstärkt, auch überlieferungs-, redaktions- und formgeschichtlicher Argumentation meist die Mazzotanordnung als sekundäre Erweiterung der ursprünglichen Passaregelung angesehen worden. Die differenzierteste , für viele nachfolgenden Versuche grundlegende Analyse hat dafür HORST[199] vorgelegt. Demnach hätte "das Dt. ursprünglich das Mazzenfest nicht vorgesehen"[2oo], sondern nur vom Passa geredet[2o1], wobei allerdings die vorliegenden Passa- wie auch die Mazzotbestimmungen eine komplizierte, mehrstufige Entwicklungsgeschichte durchlaufen haben sollen[2o2].

Die entgegengesetzte Sicht der Entwicklung hat, nach dem Vorgang einiger älterer Analysen[2o3], aber ausgerüstet mit einem verfeinerten Methodeninstrumentarium, in neuerer Zeit vor allem MEREN-

---

sicht, im Rückgriff auf alte Überlieferungen (siehe Jos 5,1o-12) die in Vergessenheit geratene alte Kultordnung des Passa-Mazzotfestes wieder aufzurichten (346 Anm.451).

197) HEMPEL 199.

198) HEMPEL 199 zufolge.

199) Sein Ergebnis: vordeuteronomischer Passakern (A) V.1a.3aα.4b (ohne ביום הראשון); verschiedene deuteronomische/deuteronomistische Bearbeitungen: 1.Passaerweiterung (B) V.1b.5.6aβb.7, 2.Passaerweiterung (D) V.2.6aα, 3.Kern der Mazzotvorschrift (C) V.3aβ.bα, 4.Erweiterung der Mazzotvorschrift (D) V.3bβ.4a (plus ביום הראשון V.4b), P-verwandte Schlußredaktion V.8 (1o6ff.)

2oo) vRAD, Deuteronomium 8o.

2o1) So oder ähnlich auch MOULTON 685; DRIVER 4o5; BEER, Pesachim 29f.; HEMPEL 2o4ff.261; GUTHE 219f.; STEUERNAGEL 112; MARTI, Deuteronomium 289; ELHORST 137; BENZINGER 384; G.B.GRAY 251f.; HULST, Deuteronomium 45; PROCKSCH 231; EICHRODT 7o; KUTSCH, Erwägungen 1off.; KRAUS, Gottesdienst 45f.; HAAG, Paque 1134, Neues Pascha 3of.78ff.; FÜGLISTER 29; DeVAUX, Studies 1 + Anm.2, Lebensordnungen II 343; AUZOU 181; J.GRAY 674; SEITZ 196f.; AUERBACH, Feste 2ff.; WAMBACQ 3o5ff.

2o2) Vgl. die Ausführungen von HORST (ähnlich KUTSCH, Erwägungen 11ff.) mit denen von SEITZ 197 + Anm.3o2; NEBELING (unsere Anm.196) und MERENDINO (unsere Anm.2o4-2o9), dem sich HALBE, Passa-Massot über weite Strecken anschließt.

2o3) Vgl. NICOLSKY 182f.; MAY 67.

2o4) Vgl. die Zusammenfassung 148f.

2o5) J.G.PLÖGER 74f.; LAAF 73ff.; OTTO, Mazzotfest 178ff., kurz zusammengefaßt auch Erwägungen 16 Anm.53; HALBE, Privilegrecht 172, Passa-Massot passim.

2o6) V.1aαb.3aβbβ.4a*.8bα (13off.)

2o7) V.1aβγ.3aα.4b; V.2*.5abα.6.7b; צאן ובקר in V.2a.7a.8* (129 Anm.19. 13o.133f.).

2o8) V.3bγ.5bβ.6b(?) + אלהיך an den verschiedenen Stellen (144.149).

DINO[2o4] zu begründen versucht und darin, sowohl in verschiedenen Einzelheiten als auch vor allem im Gesamtergebnis eine Reihe von Nachfolgern gefunden[2o5]. Ihm zufolge sind nicht die Passaanordnungen primär, sondern die Mazzotbestimmungen V.3aβ.4a*.8*, die zugleich zum Grundbestand des ganzen Festkalenders Dtn 16, 1-17 gehören. Diese Mazzotgrundschicht wurde später durch eine zweite, literarisch und überlieferungsgeschichtlich, ja sogar formkritisch als ebenso eigenständig wie die erste zu erweisende, wenn auch mit dieser sich teilweise deckende Mazzotschicht[2o6] erweitert und durch den Einbau dreier verschiedener, mehr oder weniger vollständiger Passaschichten[2o7] sowie mindestens eine deuteronomische Redaktion[2o8] zu dem jetzigen Gebilde V.1-8 ausgebaut; hinzu kamen dann noch aus priesterschriftlicher Tradition stammende Zusätze[2o9].

Durch diesen der geschichtlichen Entwicklung entsprechenden sukzessiven Ausbau trat das Passa immer stärker in den Vordergrund, während das Mazzotfest, wie im literarischen Bestand von V.1-8, so auch im kultischen Vollzug, an Bedeutung verlor und in 2Kön 23,21-23 gar nicht mehr erwähnt wird.

Eine klare Entscheidung darüber, welchen Gang der Entwicklung man für zutreffend zu halten hat, ist schwer zu treffen, auch unabhängig von den ganz beträchtlichen Reserven und Zweifeln, die man gegenüber solch hochkomplizierten, als Prozeß der Sammlung, Komposition und Redaktion historisch nicht mehr nachvollziehbaren Schichtenanalysen wohl wird anmelden dürfen, wie sie HORST, NEBELING und vor allem MERENDINO und seine Nachfolger angestellt haben. Es fehlt einfach für derlei Aufspaltungen an ausreichenden Kriterien, wie MERENDINO[21o] selbst unfreiwillig in seinen wortstatistischen und formkritischen Untersuchungen zeigt.

Für die Ursprünglichkeit des Mazzotanteils spricht die Anordnung Dtn 16,16, vor allem in ihrer Parallelität zu Ex 23,17 und 34,23; auch ist das עליך in V.3aβ, wenn ursprünglich, nur sinnvoll (weil nicht aufs Passa, sondern auf Mazzot bezogen), wenn die Mazzotbestimmung primär ist. Aber unsicher ist, ob V.1 wirklich primär eine Mazzotbestimmung bot, weil eben sonst nur das Mazzotfest mit dem Monat Abib und der heilsgeschichtlichen Begründung

---

2o9) לילה in V.1; לחם עני...מצרים in V.3; ביום הראשון in V.4 (145f.).
21o) 126ff.

verbunden sei (Ex 23,15; 34,18; auch 13,4), die Passathematik (V.1aβ + לַיְלָה) also eine sekundäre Umdeutung darstellt[211]. Die Differenzen zwischen den fast wörtlich identischen Texten Ex 23,15; 34,18 einerseits und Dtn 16,1 (abzüglich Passathematik) andererseits sind doch zu beachten und lassen Dtn 16,1 nicht ohne weiteres als Mazzotanordnung verstehen. Und da auch das Passa in den Frühlingsmonat fiel und schon lange vor dem Deuteronomium historisiert wurde[212], steht sachlich einer in den traditionellen Mazzotrahmen eingefügten Passaanordnung wie in V.1 nichts im Wege, zumal wenn das Passa gegenüber dem Mazzotfest betont oder gar an dessen Stelle gesetzt werden sollte. Auch die von HALBE[213] festgestellte Struktur von Dtn 16,1-7, die die Mazzotbestimmung V.3aβb.4a eher als Ergänzung im Anschluß an V.3aα denn als Kern eines präzise strukturierten, sekundär herumgelegten Rahmens verständlich macht, spricht, sofern V.1 als Teil der Passabestimmung erhalten bleibt, für deren Ursprünglichkeit.

Wie auch immer man sich im Blick auf die Entstehungsgeschichte von Dtn 16,1-8 entscheiden mag - klar ist jedenfalls die darin zutagetretende Tendenz: Durch die Einordnung des Passa in den traditionellen Kultkalender und seine Hervorhebung an dessen Spitze soll diesem Fest eine besondere Bedeutung beigelegt werden. Die dafür maßgeblichen Gründe werden uns gleich noch beschäftigen. An dieser Stelle sei zunächst noch einmal auf zwei mit solcher Betonung des Passa verbundene Eigentümlichkeiten hingewiesen:

1. wird das Passa jetzt an den einen zentralen Kultort verlegt;
2. wird sein Bezug auf den Auszug aus Ägypten ausdrücklich hervorgehoben.

Ad 1: Die Verlegung des bisher wohl - abgesehen von der Frühzeit (Jos 5,10-12; 2Kön 23,21-23) - im häuslichen Familienkreis gefeierten Festes in den offiziellen Opferkult des Zentralheiligtums und d.h.: sein Verständnis als Wallfahrtsfest, auch wenn der Terminus חג in Dtn 16,1-8 fehlt[214], hat dazu geführt, daß die Strukturen des Passa einer tiefgreifenden Wandlung unterworfen wurden; das geht aus einem Vergleich von Dtn 16,1-8 mit den ein häusliches Fest voraussetzenden Ritualen Ex 12,1-14. 21-23[215] deutlich

---

211) So u.a. HALBE, Passa-Massot 155ff.; OTTO, Mazzotfest 178ff.

212) Siehe oben S.27f. 43ff.

213) Passa-Massot 153.

214) Zu Ex 12,14 (P) siehe unsere Anm.253; zu Ex 34,25b s.o. S.44; außerdem Passa als חג in Ez 45,21.

215) Zur These, daß das Passa schon in vordeuteronomischer Zeit (gelegentlich) am Lokalheiligtum gefeiert wurde und daher das Deuteronomium an bereits erfolgte Veränderung der häuslichen Feier anknüpfen konnte, siehe unsere Anm. 175.

hervor. Die wiederholte Verwendung des der Opferterminologie entstammenden Wortes זָבַח bzw. זֶבַח in V.1-8 (siehe auch Ex 12, 27a), das völlige Verschwinden des Blutritus und die Betonung des Mahls sowie die (hier einmalige) Zulassung von Großvieh zum Passaopfer (V.2, vgl.Ex 2o,24; Num 22,4o) seien als Beispiele solcher Veränderung genannt. Kein Zweifel, es war "unmöglich, diesen häuslichen Gebrauch von außergewöhnlichem Charakter in das System des gewöhnlichen Tempelkultes einzuführen, ohne seine charakteristischen Grundzüge zu verwischen"[216]. Die Fragen nach dem theologischen Anliegen der deuteronomischen Anordnung und den Gründen ihrer politischen Indienstnahme durch die Reform Josias werden uns später noch beschäftigen müssen (Kap.V/3).

Ad 2: Wichtig für den Zusammenhang dieser Studie ist vor allem die ausdrückliche begründende Beziehung des Passa auf den Exodus: "Achte auf den Monat Abib[217], daß du für Jahwe, deinen Gott, ein Passa feierst; denn im Monat Abib hat dich Jahwe, dein Gott, aus Ägypten herausgeführt bei Nacht" (V.1). Reichte die historisierende Verbindung des Passa mit dem Exodus bereits in die ältesten Traditionen Israels zurück, so wird sie in dieser ausdrücklichen Form erst hier hergestellt. Dabei wird ein Gebot mit dem Hinweis auf das zentrale Ereignis in der Heilsgeschichte paränetisch begründet. Jahwe, Exodus und Passa werden in der Weise einander zugeordnet, daß Israel alljährlich sein Passa feiern soll in einer Nacht des Monats Abib, weil einst Jahwe in einer Nacht mit der Befreiung des Volkes aus Ägypten entscheidend für Israel gehandelt und sich darin als Israels Gott erwiesen hat. Das Passa wird so zum Exodus- und Befreiungsfest schlechthin und im Verbund mit dem Mazzotfest zur besonderen "Erinnerungszeit des Exodus"[218], in dem Israel seine Erwählung begründet sah. Wir haben hier die Fragen nach der Struktur, den geistigen Voraussetzungen, der Abzweckung und dem Sitz im Leben dieser Paränese zu beantworten, wenn wir die Bedeutung des so betonten Zusammenhangs von Exodus und Passa verstehen wollen.

---

216) NICOLSKY 244.
217) Zur Datumsangabe vgl. unsere Anm.8o.
218) HALBE, Passa-Massot 166.

2. Die deuteronomisch - deuteronomistische Paränese

An den ältesten Passatext innerhalb Ex 12, die J-Anordnung V.21-23, hat sich in V.24-27a ein deuteronomistischer Zusatz angeschlossen, der die Anordnung V.21-23 als Gebot, als heilige Ordnung versteht, die עד עולם durch alle Generationen des Volkes hindurch zu beachten sei. Es schließt sich die Frage nach der Begründung dieses Gebots an: Was hat es mit diesem Brauch auf sich, der für alle Zeiten gültig und verpflichtend ist?

Mindestens viermal außer Ex 12,24ff. findet sich im Deuteronomium und in deuteronomistischen Stücken die gleiche Situation wie hier (Dtn 6,2o-25; Ex 13,14-16; Jos 4,6f.21-24)[219]: Kinder fragen ihre Väter nach dem Sinn und der Begründung eines heiligen Brauchs oder eines Heiligtums. Die Antwort auf eine solche Frage ist jedesmal eine "Ätiologie der Gesetzesobservanz"[22o].

Die Frage nach dem Sitz im Leben dieser Kinderfrage und ihrer Antwort in der Form einer kultätiologischen Belehrung hat SOGGIN im Anschluß an L.KÖHLER zu beantworten versucht; dieser schreibt in seinem Buch "Der Hebräische Mensch": "Auch die Schulung in den Fragen des Glaubens und der Verehrung der Gottheit ist Sache des Vaters und der alten Leute. Die heiligen Stätten und Zeiten, denen man mit Vorsicht und unter Beobachtung bestimmter, strenger Regeln begegnen muß, geben dem Knaben Anlaß nach Warum, Woher und Wozu zu fragen. Die Antwort steht beim Vater"[221]. Den Alten obliegt also der nachwachsenden Generation gegenüber die Verkündigungs- und Deutepflicht im Zusammenhang kultischer Begehungen.

Der Anlaß zu einer solchen Kinderfrage war nun nach SOGGINs Auffassung kein spontaner, der reiner kindlicher Neugier entsprang; vielmehr setzte er möglicherweise eine liturgische Situation voraus, in der vom Knaben eine katechismusartige Frage gestellt wurde, "auf der dann vom Vater oder Lehrer nach altüberkommener

---

219) Ex 12,24-27a (J!) und 13,14-16 (E!) zufolge hat für HARAN, Temples 345 die hier verwendete Phraseologie eine lange Vorgeschichte. Für LANGLAMET 131ff. reichen Jos 4,6f.21-24 in vordeuteronomische Zeit hinauf und sind im kultischen Milieu des Gilgal-Heiligtums beheimatet.Vgl. auch die in unserer Anm. 3o genannten Autoren.

22o) SOGGIN, Katechese 342; ähnliche Situationen sind auch vorausgesetzt in Dtn 4,9ff.; 6,7f.; 11,19ff.

221) 66f.

und im Kultus erlernter Tradition die Antwort gegeben wird"[222]. Aber nun geht es in den genannten Katechesen gar nicht primär um die Belehrung der fragenden Kinder, sondern um die Belehrung der Familienoberhäupter: Sie sollen erfahren, was sie den Kindern weiterzugeben haben. D.h. der Sitz im Leben der Katechese ist nicht die Familiensituation, sondern der Kult, und so spricht OTTO von einer eigenständigen Gliedgattung "kultisch-ätiologische(r) Belehrungsrezitation"[223].
Mit dem Kult ist also die Aufgabe der Belehrung verbunden. Diese Belehrung weist darauf hin, wie Jahwe in der Vergangenheit, beim Passa speziell im Ereignis des Exodus, heilvoll an Israel gehandelt hat. Weil Jahwe in der Nacht, da er die Ägypter schlug, Israel verschonte, darum feiert Israel das Passa für alle Zeiten.

Die Mitte der deuteronomi(sti)schen Paränese ist darum die Aufforderung zum Gedenken (זכר); JACOB[224] spricht m.R.von "einer der wichtigsten hebräischen Denkstrukturen". זכר kommt in Dtn 1-31 insgesamt 13x vor, davon bis auf eine Ausnahme (9,27) stets mit Israel als Subjekt des Gedenkens[225]. Aber die Sache, die Intention dieses זכר , liegt auch an etlichen Stellen vor, wo der Terminus fehlt[226]. Im Zusammenhang mit dem Passa fehlt der Terminus, nicht aber die Intention (Dtn 16,1; siehe Ex 12, 24-27a); dagegen ist beim Mazzotfest ausdrücklich vom "Gedenken" die Rede (Dtn 16,3; siehe auch Ex 13,3.9).
Die Paränese innerhalb der Festbestimmungen ist nur ein Sonderfall der deuteronomi(sti)schen Paränese überhaupt. Um ihren Sinn zu erfassen, muß man sich die geistige Situation, in der sie lebt, vergegenwärtigen: Die junge Generation, die die wunderbaren Heils-

---

222) SOGGIN, Katechese 346; ähnlich schon GRELOT/PIERRON 37, auch MOWINCKEL, PsStudien 37; später dann AUZOU 17of. (zu Ex 12,24-27); FÜGLISTER 137; FOHRER, Überlieferung 86 Anm.15; teSTROETE 92f.; SEITZ 72.

223) Mazzotfest 131ff., Erwägungen 23 + Anm.71; ähnlich LOHFINK, Hauptgebot 115ff.: kultische Predigttradition, in der die Leviten ihren Hörern die Weitergabe ihres Wissens über Bund und Kult einschärften. Kinderfrage möglicherweise nur ein rhetorisches Mittel zur Katecheteninstruktion bzw. "Belehrung Israels über die Weitergabe des Bundeswissens".

224) 37 Anm.9.

225) Dtn 5,15; 7,18f.; 8,2(ff.).18; 9,7(ff.); 15,15; 16,3.12; 24,9.18.22; 25,17ff.

226) Vgl. außer den katechetischen Fragesituationen noch Dtn 4,9-13.23.34ff.; 5,2ff.; 6,12.21f.; 11,4.6 (.1o); 26,5-7; 29,2ff.

erweise Jahwes in der Geschichte zu vergessen in Gefahr ist oder die aus ihrer Gegenwart heraus keine rechte Beziehung mehr zu diesen Ereignissen bekommt - die Generation also, die den Bruch zwischen Damals und Heute, die Diskontinuität der Geschichte erlebt, sie hat wieder neu zu lernen, im Gedenken an Jahwes Gnadenerweise als Glied des Bundesvolkes zu leben. Dem entspricht der logisch-intentionale Zusammenhang, in dem זכר steht: Es vergegenwärtigt die Ereignisse der Vergangenheit mit den in ihnen für Israel beschlossenen Verheißungen und Ansprüchen Jahwes, und zwar stets die Ereignisse des Exodus, des Bundesschlusses und der Wüstenwanderung[227] als "das Fundament der Volksgeschichte"[228] mit dem Ziel, diese erinnerten Ereignisse zum Anlaß und zur Grundlage für ein ברית -gemäßes Leben in Gegenwart und Zukunft zu machen, das das Verhältnis zum Volksgenossen, zu fremden Völkern und zu Jahwe bestimmt. Diese Mahnung zum זכר will den Horizont abstecken, in dem Israel - und zwar in einem unumkehrbaren Gefälle - Jahwes Forderung verstehen und sein eigenes Tun und Verhalten gestalten soll: Jahwes Forderung als das Gebot dessen, der Israel aus Liebe zu seinem Volk erwählt hat (Dtn 7,6-8); Israels Tun und Verhalten als Antwort der Gottesfurcht und des Gehorsams, die in allen Einzeltaten immer wieder nur eine Antwort der Liebe sein kann (Dtn 6,5).
Ähnlich strukturiert, ohne daß der Terminus זכר vorkommt, sind die Stellen, an denen zum Nichtvergessen (4,9ff.; 6,12) oder zum Erkennen (11,2ff.) der großen Taten Jahwes aufgerufen wird und/oder die Heilstat im Zusammenhang mit der Einschärfung einer kultischen oder sozialen Forderung oder der Gebote überhaupt steht[229].

Der für die deuteronomi(sti)sche זכר- Paränese typische begründende und Zeit und Geschichte in ihren drei Grundformen verbindende Zusammenhang von heilvoller Vergangenheit und Mahnung zum Tun der Gebote in der Gegenwart als Voraussetzung für eine heilvolle Zukunft weckt die Frage nach der Struktur der Erinne-

---

227) Vgl. unsere beiden Anm. 225 + 226.
228) WESTERMANN, Vergegenwärtigung 319.
229) Dtn 4,34ff.; 6,21f.; 1o,9; 16,1; 26,5ff.; 29,2ff.
23o) deBOER 37.

rung, von der wiederum die Frage nach ihrer Wirksamkeit abhängt. Es genügt z.B. nicht zu sagen: Was bedacht wird, bleibt lebendig; das Gedenken "belebt einen Teil der Vergangenheit, damit das heutige Leben fortbestehen könne. Durch die E r w ä h n u n g wird die Vergangenheit wirksam, also für das Heute maßgebend"[23o], wenn nicht zugleich gesagt wird, in welcher Form das Bedachte für das Heute lebendig, also wirksam und maßgebend wird, d.h. wodurch, unter welchen Bedingungen und in welcher Kraft das heutige Leben fortbestehen kann.

Alle Zusammenhänge, in denen זכר terminologisch oder intentional vorkommt, machen deutlich, was auf dem Hintergrund der alttestamentlichen Anthropologie und der Art, Geschichte zu bedenken und von ihr zu reden, nicht überraschen kann, daß es nämlich um einen den ganzen Menschen in seinem Denken und Verhalten, in seiner Beziehung zu Vergangenheit, Gegenwart und Zukunft, in seinem Verhältnis zu Jahwe und zu seinem Nächsten umgreifenden Akt geht. BLAIR[231] formuliert zutreffend: "If one remembers in the biblical sense, the past is brought into the present with compelling power... Memory meant activity". זכר verbindet darum Jahwes zuvorkommendes Tun (4,37; 7,6ff.; 1o,15; 14,2) und Israels Antwort in seiner geschichtlichen Gegenwart. Diese Antwort ist in katechismusartiger Kürze auf die das Wesentliche, das Konstitutive zusammenfassende Formel gebracht: Jahwe fürchten, ihn lieben und ihm dienen, was im Halten der Gebote geschieht (1o,12f.). So stehen "die Erinnerungsmahnungen der dtn Paränese... im Dienst der Einschärfung der Bundesbefolgung"[232]. Der Dreiklang der deuteronomi(sti)schen Predigt: Hören - Gedenken - Tun, macht immer wieder deutlich, daß die Erwählung Israels keine automatische Garantie für ein fortgesetztes Wohlergehen ist; er fordert vielmehr die unerläßliche Antwort aller auf Gottes Bundesangebot. "The people were to be the living embodiment of the torah, living witnesses thereto, reflecting its teachings in their lives and actions"[233].

Versteht die deuteronomi(sti)sche Paränese das Passa als Tag des זכרון , ist das זכר der "Wesenskern der Paschaliturgie"[234],

---

231) 43f.; ähnlich BARROSSE 73o: זכר bedeutet, "von einer Situation Kenntnis nehmen, um auf sie zu reagieren".

232) SCHOTTROFF, Gedenken I 124, ebenso Gedenken II 517.

dann ist nach allem bisher Gesagten das Passa nicht nur ein "Tag, an dem Jhwhs Name als Retter aus dem Verderben angerufen, verehrt wird"[235], wobei im Namen der Träger des Namens präsent und dieser Träger durch seine Taten definiert ist, sondern zugleich ein Tag, an dem durch das זכר die Treue zu Jahwes Gebot und Bund wachgehalten wird, damit Israel den Segen dieses Bundes erfahre[236].

3. Das deuteronomische Passa und die Reform Josias

Die hervorragende Bedeutung des Passa innerhalb des deuteronomischen Festkalenders Dtn 16,1-17 und die ihr entsprechende Praxis des Königs Josia (2Kön 23,21-23) wecken die Frage nach den Gründen: nach geschichtlichen Ereignissen und geistigen Bewegungen, die dafür verantwortlich gewesen sind. Es sind zwei Strömungen[237]: eine kultisch-religiöse und eine national-politische - die eine gespeist durch eine lange, intensive Auseinandersetzung mit artfremden Glaubens- und Kultformen, die andere entsprungen einer aktuellen Konstellation politischer Machtverhältnisse -, die beide in der Person und im Handeln Josias (64o-6o9) geschichtliche Darstellung finden.

Die Macht des großen assyrischen Weltreichs war schon vor dem Tode des letzten bedeutenden Herrschers, Assurbanipal (627), unter dem Druck neu aufkommender Mächte (Babylonier, Meder, skythische Stämme) erlahmt und trieb unaufhaltsam ihrem raschen Verfall zu. Das gab den von Assur unterworfenen Völkern die Möglichkeit, die Fesseln ihrer Unfreiheit abzustreifen. Josia von Juda hat diese Gelegenheit genutzt - eine Gelegenheit, wie sie sich seit langer Zeit wieder einmal und für viele Jahrhunderte nun zum letztenmal

---

233) MYERS 23.
234) FÜGLISTER 133.
235) deBOER 38.
236) Vgl. zusammenfassend zur deuteronomi(sti)schen Paränese noch CHILDS, Memory 55f.
237) Zum folgenden vgl. NICOLSKY 183ff.; NOTH, Geschichte 244ff.; vRAD, Deuteronomium 7ff.; HERRMANN, Geschichte 323ff.

bot -, eine eigenständige nationale Politik zu betreiben, offenbar mit dem Ziel einer Restitution des israelitisch-judäischen Großreichs. Aus dem in 2Kön 23,4-15 erhaltenen Reformbericht, gelegentlich als Auszug aus den Annalen des Königs angesehen, erfahren wir, daß Josia nicht nur die im Tempel von Jerusalem aufgestellten Symbole des (kanaanäischen und) assyrischen Kultes sowie in ganz Juda und in der Umgebung Jerusalems die Priester dieser fremden Kulte beseitigte (V.4f.), sondern auch im Übergriff auf die assyrische Provinz Samaria alle dortigen Höhenkulte und deren Priester liquidierte (V.19f.). Möglicherweise setzt V.29 voraus, daß er schon bis in die Provinz Megiddo vorgerückt war, wo der ägyptische Pharao Necho II (61o-595) seiner Regierung, seinen Plänen und seinem Leben ein jähes Ende setzte (6o9).

Diese national-politische Bewegung ist zwar nicht durch die kultisch-religiöse Strömung bedingt, aber doch mit der im 18. Regierungsjahr Josias erfolgten Auffindung eines Gesetzbuches im Tempel von Jerusalem[238] zu einer mächtigen national-religiösen Bewegung verstärkt worden. Daß es sich bei diesem Gesetzbuch (ספר התורה 2Kön 22,8.11; 23,24; ספר הברית 2Kön 23,2f.21) um die aus Traditionen des Nordreichs entstandene und nach dessen Fall im Jerusalemer Tempel deponierte Urform des im Alten Testament aufbewahrten Deuteronomiums handelt[239], ist eine seit deWETTE weithin akzeptierte und wegen wesentlicher Übereinstimmungen zwischen den Forderungen des Deuteronomiums und den kultischen Aktionen Josias trotz gelegentlichen Widerspruchs[24o] zwar nicht

---

238) In dem Fundbericht 2Kön 22,3-23,3(.16-24*), der verschiedene deuteronomistische Bearbeitungen erfahren hat, findet DIETRICH einen vordeuteronomischen Grundbestand in 22,3.8.1o.12.13aα*.14.15aαb.16aα.18bβ.2ob, der (bis auf das ursprüngliche Hulda-Orakel) lückenlos erhalten und ausweislich seines Stils historisch glaubwürdig sei. Kritischer im Blick auf die Erfassung eines vordeuteronomischen, schriftlichen Quellenbestandes in 2Kön 22f. ist ROSE 53f. + Anm.16. Wenn er (gegen DIETRICH) das zweite Hulda-Orakel (22,19f.) nach Form und Sprache für vordeuteronomisch hält (54ff.), zeigt das beispielhaft, wie unsicher auch hier die Kriterien (noch?) sind und daß man Vorsicht vor allzu feinen Differenzierungen walten lassen sollte!

239) Vgl. ausführlich zum Ort und zur Zeit der Entstehung, zu den Verfassern sowie zu den aufgenommenen Traditionen die die verschiedenen Antworten kritisch darstellende Arbeit von NICHOLSON, bes.37ff.; kürzer auch die betreffenden Kapitel in den Einleitungen ins Alte Testament (EISSFELDT, FOHRER, KAISER, SMEND, SCHMIDT).

sicher beweisbare, aber doch gut begründete Annahme. Auf der Basis dieses Gesetzbuches, und d.h. im Namen einer ungeteilten, reinen Jahweverehrung im Kampf gegen den kanaanäischen Baalsdienst und den religiösen Synkretismus als den Bedrohungen des Jahweglaubens (12,1-4; 12,29-14,21; 17,2-7; 18,9-14a) hat Josia in Fortsetzung seiner Emanzipations- und Reformpolitik auch die Verhältnisse im kultischen Bereich neu geordnet. Die Beseitigung der Höhenkulte und ihrer Priester (2Kön 23,8f.13f.19f.), die Entfernung der Kedeschen (2Kön 23,7), das Verbot der Kinderopfer (2Kön 23,1o) und die Ausrottung der Totenbeschwörer (2Kön 23,24) kennzeichnen diesen vom Deuteronomium geforderten Kampf (Dtn 12, 1ff.; 18,1off; 23,18). Er ist getragen von der vehementen Intoleranz des 1. und mit diesem eng verbundenen[241] 2.Gebots, in der sich im Vergleich mit der Umwelt die unverwechselbare Eigenart des alttestamentlichen Jahweglaubens ausdrückt[242], und hat, da es galt, die religiösen Kräfte in einem Mittelpunkt zu sammeln, seine Konsequenz in der Zentralisation des gesamtes Kultes. Ein Jahwe - ein Volk - eine Tora - ein Kult - das ist die das ganze Deuteronomium bestimmende polemische Grundüberzeugung; nach ihr hat sich nicht nur das Verhalten jedes Einzelnen, sondern erst

---

24o) Vgl. die in den "Einleitungen ins Alte Testament" und bei NICHOLSON 4 + Anm.1-4 genannten Autoren; ablehnend in jüngster Zeit wieder GUNNEWEG, Geschichte 1o9 und KAISER 12off., die durch WÜRTHWEINs Beurteilung der Reform Josias Unterstützung erfahren haben. Bestimmend für WÜRTHWEINs Urteil ist eine weitreichende Skepsis gegenüber der historischen Glaubwürdigkeit von 2Kön 22f. Den Fund- und Bundbericht 22,3-23,3 hält er wegen der durchgängig deuteronomistischen Herkunft im ganzen für historisch unglaubwürdig. Im Reformbericht 23,4-15 findet er lediglich in V.4a*.11-12aα* eine vordeuteronomistische und d.h.historisch glaubwürdige Schicht. Infolgedessen wird die Reform Josias, soweit sie über diesen vordeuteronomistischen Kern hinausgeht, zur literarischen Schöpfung des Deuteronomismus, d.h. zur historischen Fiktion erklärt. Abgesehen von sehr pauschalen Beurteilungen des Textes zeigen z.B. die Äußerungen von DIETRICH 29 und WÜRTHWEIN 4o2f. zu 22,14, die diametral entgegengesetzt sind, wie unzureichend die literarischen Kriterien bisweilen sind. Vor allem fehlt es dem dogmatischen Grundsatz der Ausführungen WÜRTHWEINs an Überzeugungskraft, daß historisch unglaubwürdig sein muß, was deuteronomistisch ist, also nur vom deuteronomistischen Sprachgewand unberührte Stücke historisch glaubwürdig sind bzw. sein können.

241) Bisweilen bilden sie sogar eine Einheit, vgl. Ex 2o,2-6.23; 34,14-17; Lev 19,4; Dtn 4,16-19; 5,7-1o; 27,15.

242) Vgl. dazu u.a. vRAD, TheolAT I 216ff.225ff.; SCHMIDT, Gebot, Glaube 9ff.67ff.74ff.; ZIMMERLI, Grundriß 1ooff.

recht das des Königs und der führenden Kreise auszurichten.

Diesem Geist und dieser Forderung entspricht auch die Hervorhebung, die das Passa in Dtn 16,1-8 erfahren hat. Wie kein anderes Fest war es von seinem nomadischen Ursprung, von der Situation der dem kanaanäischen Kultbetrieb der Lokalheiligtümer weithin entzogenen häuslichen Familienfeier und den in seinem Bereich gepflegten Überlieferungen von Jahwes wunderbarem Wirken her geeignet, in den Dienst des deuteronomischen Anliegens zu treten[243], welches nun seinerseits den Absichten Josias vorzüglich entgegenkam. Für ihn als Davididen konnte, zumal nach dem Fall des Nordreichs, der zentrale, noch namenlose Kultort des Deuteronomiums kein anderer als Jerusalem und sein Tempel sein. Wurde nun gemäß Dtn 16,1-8 das Passa, selbst unter Inkaufnahme der erheblichen Veränderungen, die es dadurch erfuhr, aus den Ortschaften an das Zentralheiligtum verlegt, so hatte dieser, bedingt an vorstaatliche Zustände anknüpfende Akt den im engeren Rahmen des national-religiösen Anliegens des Josia und im weiteren Rahmen der für die national Gesinnten und Jahwetreuen greulichen Regierung des Manasse (697-642) verständlichen Sinn, das ganze Volk neu in seinem gemeinsamen Gedenken an die wunderbare Vergangenheit, in einem gemeinsamen Glaubensbewußtsein, gemeinsamen Bekenntnis und Gehorsam zu einen[244]. Die Reform zielte mithin in erster Linie ab auf die breite Masse des Volkes; denn kultische Kompetenzen der lokalen Priesterschaften wurden dadurch kaum eingeengt, da ja das Passa, zumindest im allgemeinen, ein abseits der Heiligtümer im Familienkreis gefeiertes Fest war. Seine Verlegung nach Jerusalem stand im Dienst der Belebung des von allen fremden Beimischungen freien Jahweglaubens, der von Jerusalem als dem politischen und kultischen Zentrum ausstrahlen sollte, und der, vor aller göttlichen Forderung und vor allem menschlichen Gehorsam, seinen Grund in der Erwählung des Volkes im Ereignis der wunderbaren Herausführung aus Ägypten und der darin erwiesenen Treue Jahwes hatte. Dieser vorgängige Erweis

---

243) Eine Einschränkung oder nur besondere Ausrichtung dieser Polemik gegen den Baalskult auf das Molochopfer, wie sie FEVRIER 185 sieht, ist nicht begründet.

244) Vgl.BLAIR 41: "Without common memories and common hopes human beings,

der göttlichen Liebe war das Thema der Passaüberlieferung, das Passa mithin "das Denkmal der Erinnerung an die Erlösung"[245].

Gerade mit dieser Funktion des Passa könnte auch eine politische Absicht verbunden worden sein, auf die NICOLSKY[246] aufmerksam gemacht hat. Die auf dem Hintergrund des Verfalls des Assyrerreiches betriebene Politik Josias war ständig begleitet von der Möglichkeit, in die Abhängigkeit Ägyptens zu geraten, das sich unter Psammetich I (664-61o) von der assyrischen Oberherrschaft befreit hatte und sich unter Necho II (61o-595) anschickte, die Nachfolge des Assyrerreiches anzutreten.So stand die Frage im politischen Raum: "Wird Juda von jetzt an frei oder ein Vasall, 'Knecht' Ägyptens sein?"[247]
Durch den Auszug aus Ägypten wurde Israel ein Volk der Befreiten, und das Passa als das Fest dieser Befreiung sollte die Möglichkeiten erneuter Unterwerfung unter Ägypten zerstreuen helfen. Es hatte einst das Volk aus dem Verderben gerettet; damit es auch jetzt wieder vor dem Verderben rette und die Freiheit erhalte, war es nötig, daß Israel es in der gottgewollten Weise feierte. Jahwe, dessen im Passa gedacht wurde, war die einzige Rettung, sofern ihm Gehorsam erwiesen wurde; die verbindliche Erfüllung seines Willens, der Tora, war der einzige Schutz vor einer Wiederholung ägyptischer Knechtschaft (Dtn 17,16). Diesen Gehorsam als einen Gehorsam der Befreiten schärft die deuteronomi(sti)sche Paränese ein.[248]

---

however numerous and proximate, remain an aggregation, without cohesion and national consciousness".

245) NICOLSKY 187.

246) 18off.

247) NICOLSKY 185.

248) In ähnlicher Weise bestimmt jetzt SCHREINER 84f. die Intention des von ihm als Tradent von Ex 12,21ff. angenommenen Jehowisten, der indes etwas älter ist als D.

VI. Der Zusammenhang von Exodus und Passa in der Priesterschrift

Haben wir uns in den bisherigen Ausführungen, ausgehend von Ex 11-13,16, mit der vordeuteronomischen und mit der deuteronomisch-deuteronomistischen Überlieferung befaßt, so wenden wir uns jetzt in einem dritten Arbeitsgang der Priesterschrift (P) zu[249], die in dem genannten Textzusammenhang den größten Anteil hat. Wir gehen aus von dem ausführlichen Ritual Ex 12,1-14, das "den feierlichen, beinahe zeitlosen Eindruck (macht), der theologisch-liturgischen Texten zu eignen pflegt"[25o], und ziehen zur Ergänzung und Abrundung den zu den spätesten Schichten[251] der priesterschriftlichen Überlieferung gehörenden Text Num 9,1-14 heran.

1. Die Passa - Anordnung Ex 12, 1-14.28

Obwohl P die jüngste Pentateuchquellenschrift ist, greift sie offensichtlich auf ältestes Überlieferungsmaterial[252] zurück, in einigen Fällen weit hinter die vom Deuteronomium eingeführten Neuerungen, die sich vor allem aus der Verlegung des Passa an das Zentralheiligtum ergaben. Es ist erstaunlich, wie zäh sich bestimmte Einzelheiten eines Ritus, der längst seinen ursprünglichen Sitz im Leben wandernder Kleinviehnomaden verloren hatte, erhalten haben: familienweise Ausführung der Feier (V.3f.7.13), Blutritus (V.7), Zubereitung des Fleisches (V.8f.), Aufbruchbereitschaft beim Mahl (V.11), die an die massive Formulierung von

---

249) Es ist für unseren hiesigen Zusammenhang relativ belanglos, ob man, was weiterhin wahrscheinlich ist (mit SMEND, Entstehung 53f.; SCHMIDT, Einführung 93f.), in P^g ein in sich geschlossenes, theologisch konzipiertes, selbständiges Werk sieht oder nur eine Bearbeitung von JE (so nach etlichen Vorgängern RENDTORFF, Problem 112ff.16off., dem jetzt auch KAISER 1o2ff. zuneigt).

25o) HAAG, Ursprung 2o.

251) Vgl. die bei LAAF 64 Anm.322 genannten Autoren.

252) Zur gattungskritischen Analyse von Ex 12,1-14 vgl. den Versuch von RENDTORFF, Gesetze 56f.: Passa-Ritual in V.3b.6b.7a.8a als Grundlage mit Zusätzen in V.4.7b.8b; der Rest stilistisch nicht einheitliche und zusammenhanglose Rezension und die Einleitungssätze V.1.3aα; LAAF 1off. nimmt diese Analyse auf, ähnlich jetzt auch WAMBACQ 311ff.: 12,3.6b.7f.9b

V.23 erinnernde, nun aber verblaßte משחית -Vorstellung (V.13). Auch ist von einem amtlichen Priester ebensowenig die Rede wie von einem Heiligtum[253] als Ort der Feier oder auch nur der Passaschlachtung.

Trotz dieses offenkundigen Zurückgreifens auf archaische Formen des Passaritus läßt sich der weite Abstand von der ursprünglichen Exodussituation nicht übersehen. P hat nicht, wie Ex 12,21-23.27b, die zugespitzte Situation des Volkes in Ägypten, sondern ruhige, stabile Verhältnisse im Kulturland[254] im Auge. Das machen mehrere Einzelheiten in 12,1-14 deutlich: die kasuistischen Anordnungen über die Teilnehmer an je einem Passamahl (V.3f.), die kalendarischen Angaben, die eine längere Zeit der Vorbereitung vorschreiben (V.3.6), die Begründung der Anordnungen (V.12f.), die nicht die unmittelbar bevorstehende, sondern frühestens in

---

Grundbestand, mehrmals redigiert.

253) Dem scheint V.14 zu widersprechen, wo der Termin des Passa ein Gedenktag genannt wird, der als חג ליהוה gefeiert (חגג) werden soll. Aber weder in der vordeuteronomischen (zu Ex 34,25b s.o.S.44) noch sonst in der priesterschriftlichen Überlieferung (vgl.Ex 12,47f.; Lev 23,5f. [פסח und חג המצות nebeneinander, auch Num 28,16f.] ; Num 9,1ff., wo stets von עשה הפסח ליהוה die Rede ist) wird das Passa als חג und seine Begehung als חגג bezeichnet, weil es gemäß seinem auch in Ex 12,1ff. deutlich hervortretenden häuslichen Charakter nicht an das Heiligtum gehörte (anders HARAN, Temples 347f., der im Passa bei P ein Wallfahrtsfest der Familien in Tempelstädten sieht; siehe auch unsere Anm.175). Deshalb nimmt es nicht wunder, daß man gelegentlich V.14 zu den folgenden Mazzotanordnungen gezogen hat (so DILLMANN 110; BAENTSCH 97; NICOLSKY 172 Anm.1; CHILDS, Exodus 196f.; LAAF 16 (nicht ganz konsequent, vgl. 10.14.109f.); COLE 103.108; CLEMENTS 70f.). Aber diese Zuordnung scheitert daran, daß mit V.15 deutlich ein neuer Abschnitt beginnt (möglicherweise Zusatz zu P^g, siehe unsere Anm.26) und bei der Zuweisung von V.14 zur Mazzotanordnung in dieser eine Dublette (vgl. V.17) vorläge. Letzteres spricht mithin nicht für, sondern gegen eine Zuweisung von V.14 zu V.15ff. (gegen LAAF 16). Auch ist eine Beziehung von היום הזה zum Vorangehenden (V.6.12f.) durchaus gegeben (gegen BAENTSCH, LAAF). Außerdem wird in P sonst nie eine kultische Anweisung so wie in V.14 eingeleitet (vergleichbar, aber doch auffallend unterschieden, nur Lev 16,29; Num 19,10; siehe im übrigen die חקת עולם - Stellen Ex 27,21; 28,43; 29,9; Lev 3,17; 7,36; 10,9; 16,31.34; 17,7; 23,14.21.31.41; 24, 3; Num 10,8; 15,15; 18,23; 19,21). Insofern besteht also die übliche Abteilung hinter V.14 zu Recht (mit HOLZINGER 38; BEER, Exodus 60f.; EISSFELDT, Synopse 129*; ELLIGER, Sinn 174; AUZOU 163; NOTH, Exodus 73; FOHRER, Überlieferung 87f.; KORNFELD 118; HARAN, Temples 318 u.ö.; HALBE, Privilegrecht 172). Dann kann man aber in V.14 nur einen unpräzisen, weil weder dem in V.1-13 beschriebenen Charakter des Passa entsprechenden noch mit dem sonstigen Sprachgebrauch von P übereinstimmenden Be-

fünf Tagen stattfindende Passafeier im Auge haben. Nimmt man noch die Breite und Umständlichkeit hinzu, in der die Anordnungen gegeben sind, so kann kein Zweifel daran bestehen, daß P nicht an der geschichtlichen Situation des Exoduspassa an sich, sondern an der Darbietung der kultischen Verordnung interessiert ist, auf deren genauste Beachtung schon in der Stunde des Auszugs sie größten Wert legt[255].

Dasselbe Interesse wird auch deutlich bei der Einsetzung der Beschneidung (Gen 17), der Beamtung Aarons (Ex 28f.; Lev 8f.) und der Leviten (Num 3f.8) und dient dem "Nachweis..., daß diese Riten durch göttlichen Befehl aus der Heilsgeschichte erwachsen sind"[256]. Erzählung und Gesetz sind auch im Fall des Passarituals im Zusammenhang der Auszugsgeschichte so aufeinander bezogen, daß die Erzählung das ewige Gebot (חקת עולם V.14[257]) ätiologisch begründet, während dieses die Darbietung der Erzählung rechtfertigt[258].

Die Passa-Anordnung erregt im Zusammenhang mit der Exoduserzählung weiterhin dadurch Aufsehen, daß entgegen dem theologischen Anliegen von P, kultische Anordnungen erst in der Sinaiperikope zu verankern, weil sie Heiligtum und Priester erfordern, schon hier eine rite vollzogene Kulthandlung erwähnt wird[259]. Zwar ist P daran interessiert, den Opfercharakter des Passa zu verwischen; aber dieser wird doch in Ex 12,5 insofern insinuiert, als gemäß Lev 1,1o; 22,18-25 ein opferfähiges Tier verlangt wird, das indes nicht (wie beim Opfer) gekocht werden darf. Zwar ist das Passa offensichtliche eine häusliche Feier, eine Feier der Familien, weder Heiligtum noch Priester werden erwähnt, aber Israel handelt

---

griff sehen, der sachlich in deuteronomischer Tradition steht (Passa und Mazzot zu einem Wallfahrtsfest verbunden).

254) So richtig FOHRER, Überlieferung 88; NOTH, Exodus 73f.; BUCK 4oof.; teSTROETE 83.

255) Vgl. dazu BUCK 4oo.

256) vRAD, TheolAT I 256, siehe auch schon Priesterschrift 187f.

257) Daß nicht an die nebeneinander lebenden, sondern die aufeinander folgenden Generationen gedacht ist, zeigt die Zusammenstellung von לדרתיכם und חקת עולם , vgl. dazu auch die in unserer Anm.253 genannten Stellen.

258) FOHRER, Überlieferung 87, Einleitung 199; siehe auch SKA 31.

259) Gerade ein Vergleich mit JE macht dieses Anliegen deutlich. So fehlt in der Sintflutgeschichte von P (Gen 6-8*) eine zahlenmäßige Unterscheidung von reinen und unreinen Tieren (je 1 Paar: 6,19; 7,8.15f., anders J:

als עדה , als an das gemeinsame Heiligtum gebundene Kult- und Rechtsgemeinde (V.3.6[26o], vgl. auch V.47), wie der von P neu gebildete Terminus sagt[261]. Er legt die Betonung mehr auf die Betätigung des Kollektivs als auf die des Einzelnen, so daß in Ex 12,3.6 von der ganzen Gemeinde Israels die Rede ist, "sofern alle Familien gleichzeitig handeln"[262]. P betont damit die gesamtisraelitische Verbindlichkeit und Gültigkeit der Passa-Anordnung.

2. Das Passa im Rahmen der priesterschriftlichen Theologie

Die außerordentliche Hervorhebung des Passa weckt die Frage nach dem theologischen und geschichtlichen Hintergrund von Ex 12,1-14 und, in weiterem Sinn, nach der theologischen Gesamtkonzeption von P.

Ex 12,1ff. stellt den auch formal-kompositorisch besonders hervorgehobenen Abschluß der Plagenerzählung von P dar (7,8-13.19-2oaα.21b-22; 8,1-3.11aβ.b.12-15; 9,8-12; 11,9f.), die in 7,1-7 ihre das folgende strukturierende Einleitung[263] und in 11,9f. ihr vorläufiges, vom Mißerfolg gezeichnetes Ende hat. Erst mit dem darauf folgenden Handeln Jahwes, der alles entscheidenden Tat, wird das erwünschte Ziel erreicht.

Der Plagenerzählung ihrerseits gehen in P einleitende Stücke in Ex 1,1-7; 2,23-25 und 6,1ff.[264] voraus , die von außerordentli-

---

von reinen Tieren je 7, von unreinen je 1 Paar, 7,2, auch 8,2o), von einem Opfer nach der Flut verlautet nichts (dagegen 8,2o J), ebensowenig von Opferhandlungen/Altarbau bei den Patriarchen.

26o) Zu der überladenen Formel כל קהל עדת ישראל vgl. ROST, Vorstufen 89.

261) Siehe dazu ROST, Vorstufen 83f.87 u.ö.

262) NOTH, Exodus 74; vgl. ähnlich BEER, Exodus 64; FÜGLISTER 129.

263) Vgl. SKA 24ff.26f.3o.

264) WEIMAR hat hinter diesen Stücken eine vorpriesterschriftliche Grundschrift zu erfassen versucht, der 1,1aα.2-4.7aβ*.13*; 2,23aβ.24a.25b*; 6,2*.5a*.6abα.7b angehört haben sollen. Daß für solche Operationen einigermaßen verläßliche Kriterien zur Verfügung stehen, muß hier (wie bei ähnlichen Versuchen von OTTO, WEIMAR/ZENGER u.a. zur Plagen-Exodus-Erzählung von J) bezweifelt werden (so auch SMEND, Entstehung 53; LOHFINK, Priesterschrift 198 Anm.29; SCHMIDT, Einführung 95).

265) Gott Initiator: הקים 9,9.11.17, נתן 9,12; ewiger Bund: ברית עולם 9,16, gültig לדרת עולם 9,12, Vernichtungsgericht für immer ausschließend: לא...עוד 9,11.15.

chem theologischen Gewicht sind; sie stellen nicht nur den Rückbezug zur Vätergeschichte, sondern auch die Verbindung zur Sinaiperikope her.

Wenn in Ex 2,24; 6,5 gesagt wird, Gott habe das Wehklagen der Israeliten in Ägypten gehört und seines Bundes mit den Patriarchen gedacht (זכר), dann erweist sich die aus solchem Gedenken resultierende Herausführung (יצא hi), Befreiung (נצל hi) und Erlösung (גאל) Ex 6,6 als Akt göttlicher Treue zu seinem Bund (V.7!).

Die Einleitung der Plagen-Exodus-Erzählung bezieht diese also zurück auf den Bund Gottes mit Abraham (Gen 17,1-14). Kennzeichnend für P ist diese ברית ein bedingungsloser Gnadenakt Gottes, sein Bund (בריתי 17,2.4.7.9.13f.), Gott allein ist Subjekt (הקים 17,7; נתן 17,2), der Bund von ewiger Dauer und Gültigkeit (ברית עולם 17,7.13), durch alle Generationen hindurch (לדרתם 17,7.9, לדרתיכם 17,12). Die dem Isaak gewährte ברית hat analoge Strukturen (17,19.21).

Diese Väter - ברית ist ihrerseits eine strukturanaloge heilsgeschichtliche Spezifikation der Noah - ברית , die der gesamten Schöpfung gilt (Gen 9,8ff.)[265]. Beidemale ist die ברית verbunden mit einem Bundeszeichen (9,12ff. Regenbogen; 17,1off.Beschneidung), beidemale ist ihr Bestand garantiert allein durch Gottes Gedenken (9,15f.; Ex 2,24; 6,5).

Dieses Gedenken Gottes an sein Bundesvolk ist ein machtvoll-tätiges Gedenken, wie die Plagenerzählung im einzelnen darstellt. In der Auseinandersetzung mit dem ägyptischen Pharao und der Religion der Ägypter erweist sich der Gott Israels als der Überlegene, die Errettung des Bundesvolkes ist der Sieg Jahwes über alle Widersacher. So ist der Exodus der Erweis der barmherzigen Treue Jahwes zu seinem den Vätern Israels gegebenen Bund und zugleich der Erweis seiner wunderwirkenden Macht; er ist die geschichtliche Aktualisierung und Konkretisierung der ewig gültigen ברית -Ordnung, in der Jahwe und sein Volk miteinander verbunden sind. Im Passa gedenkt Israel dieses seines Gottes und damit des Grundes seiner Existenz und Geschichte. Insofern kann man das Passa "das Israelfest schlechthin"[266] nennen. Und wie Jahwes Gedenken nicht folgenlos blieb, so soll auch Israels Gedenken am Passa, dem Tag des

זכרון (Ex 12,14), nicht folgenlos bleiben.
Mit einer Definition, die THOMAS v.AQUIN für das Wesen des Sakraments gebrauchte[267], lassen sich diese Folgen gut umschreiben: Das Passa ist nicht allein "commemoratio praeteriti", sondern auch "demonstratio praesentis et prognosticum futuri". P nimmt damit die drei, sachlich eng miteinander verbundenen Aspekte auf, die sich schon für das deuteronomi(sti)sche Passa-Gedenken nachweisen ließen und vermutlich seit Anbeginn das Passa bestimmt haben[268].
Die Frage nach den Konsequenzen und Konkretionen des Passa-Gedenkens schließt zwei andere Fragen ein: 1. Welcher geschichtlichen Situation entstammt P, d.h. wo, wann und für wen ist dieses Zeugnis verfaßt? 2. Was ist die leitende Absicht, die theologisch-kerygmatische Tendenz, der Verkündigungswille von P?
Die erste Frage ist mit dem Hinweis darauf zu beantworten, daß sich Israel offensichtlich in einer Situation befindet, die der der ursprünglichen Exodusschar analog ist. Dieser Hinweis geht deutlich auf die Situation des babylonischen Exils. Alle wesentlichen Eigenarten von P weisen darauf hin bzw. lassen sich auf diesem Hintergrund am besten interpretieren, unbeschadet der genaueren Fixierung der Entstehungszeit[269].
Für Israel im Exil wird das Passa, darin vergleichbar mit den anderen bei P besonders herausgehobenen und an keinen kultischen Ort gebundenen, also überall zu befolgenden Ordnungen des Sabbat[27o] und der Beschneidung (Gen 17,1off.), zum Unterscheidungsmerkmal gegenüber der Bevölkerung, in deren Land man leben mußte, und so zugleich zum Bekenntnisakt und Zeichen der Selbstbesinnung und Selbstfindung der Exilierten als Gemeinde Jahwes, als

---

266) FÜGLISTER 128.
267) Summa theologiae III/6o,5, zitiert von HAAG, Bundesfeier 36; vgl. der Sache nach ebenso deVAUX, Studies 24.
268) FÜGLISTER spricht m.R. von der "Dreidimensionalität des alttestamentlich-jüdischen Pascha" (2o2, sachlich ebenso 47.122.142f. u.ö.).
269) Exil. 6.Jh.: ELLIGER, KILIAN, BRUEGGEMANN, ACKROYD; SCHMIDT, Einführung 95ff.; KEEL/KÜCHLER 48; HENRY 29 u.ö.; LOHFINK, Priesterschrift 2ol u.ö.; EISSFELDT, Einleitung 275 (vielleicht); (früh)nachexilisch: WEIMAR 252 (Grundschrift aus Exilszeit verarbeitend, s.o. unsere Anm.264); FOHRER, Einleitung 2olf.; WEIMAR/ZENGER 21; O.PLÖGER 47 (1.Jh.der persischen Herrschaft); viel später (398, zu Mission des Esra gehörig) VINK 17.63. 143f. Dagegen bevorzugt SMEND, Entstehung 58f. Jerusalem als Entstehungsort.

auserwähltes Bundesvolk. In der Feier des Passa, im Gedenken an die Befreiungstat Jahwes in der Herausführung aus Ägypten und die darin bewiesene Treue seines Gottes zur ewig gültigen Abraham - ברית wurde sich die Passagemeinde dessen bewußt, daß sie auch in der Verbannung dank des göttlichen Gedenkens im Bunde Abrahams stand. In dieser Gewißheit konnte der Kampf gegen Synkretismus und Assimilation, gegen die Preisgabe des eigenen Glaubens mit seinen großen geistigen Traditionen und der daraus resultierenden spezifischen Lebensform geführt werden. P ist insoweit ein Trostbuch für die Exilierten, das dem Zweifel und der Resignation den Boden entziehen möchte.

Es entspricht diesem Anliegen, daß der Israelgemeinde der heilige Wille Jahwes eingeschärft wird: Das Passa genauso zu begehen, wie es Jahwe einst beim Exodus angeordnet hat, ist Folge und angemessene Form des Gedenkens an Jahwes Wohltaten.

Mit diesem Hinweis stehen wir mitten in der Beantwortung der zweiten oben gestellten Frage, welche theologisch-kerygmatische Tendenz P habe. Sie greift, so viel sie auch die Exilierten an Jahwes große Rettungstat erinnern und so viel sie die gegenwärtige Generation zum Israel-gemäßen Leben aufrufen möchte, doch noch viel weiter: Sie möchte nicht nur trösten und mahnen, sondern vor allem Hoffnung wecken und begründen. Worin solche Hoffnung besteht und wie sie vermittelt wird, ergibt sich vom Ende und von den thematischen Schwerpunkten von P her. Dabei ist noch einmal auf die Abraham - ברית, nun besonders ihre Inhalte, und auf das bedeutungsvolle Verbindungsstück Ex 1,1-7; 2,23-25; 6,2ff. zurückzukommen.

Der Abrahambund Gen 17 umfaßt inhaltlich die Verheißung großer Nachkommenschaft (V.2.4.6; weiterhin Gen 28,3; 35,11; 48,3) als Konkretion des Schöpfungs- und Noahsegens (Gen 1,28; 9,1.7), die Zusage Gottes, Abrahams und seiner Nachkommen Gott zu sein (V.8) und vor allem die Verheißung, Israel das Land Kanaan zu ewigem Besitz (לאחזת עולם V.8) zu geben (vgl. Gen 28,4; 35,12; 48,4).

27o) Im Schöpfungsbericht Gen 2,2f. vorgebildet, in der Manageschichte Ex 16, 23-27 beinahe beiläufig und notgedrungen praktiziert, in der Sinaiperikope Ex 31,16f. (Zugehörigkeit zu P^g umstritten) als ברית עולם angeordnet.

Während die erste Verheißung durch Gen 47,27; Ex 1,7 als erfüllt erscheint, setzt Ex 6,2ff. die beiden anderen Verheißungen im Horizont des göttlichen זכר neu in Kraft (6,7 und 6,8 [vgl.6,4]). Auch insofern ist die Befreiungstat Jahwes, deren im Passa gedacht wird, das Treuebekenntnis des Gottes Israels zu der den Vätern gegebenen ברית. Israel, das im Passa der Treue und Macht seines Gottes gedenkt, hat also die Erfüllung der Bundes- und Landzusage noch vor sich.

Nun ist es auffallend, daß der in ihrer ständigen Wiederholung noch stärker als in den alten Quellen betonten Land<u>verheißung</u> in P keine Landnahme<u>erzählung</u> folgt - so jedenfalls gemäß der literarkritisch und kompositorisch gut begründeten These NOTHs, daß sich, von einzelnen sekundären Zusätzen abgesehen, P als eigenständige Quelle im Josuabuch nicht nachweisen lasse; P sei mit Dtn 34,1a.7-9 abgeschlossen[271]. Dieser "merkwürdige Schlußakkord"[272] hat vor allem ELLIGER und in seinem Gefolge eine Anzahl von Exegeten[273] dazu geführt, die Landverheißung als das thematisch und kerygmatisch zentrale Moment von P zu verstehen und so in P ein "Buch voll Hoffnung und Zuversicht", ein Buch der "Hoffnung auf Heimkehr"[274] zu sehen."P is also future oriented, looking to the time when the land will be received again from God, re-entry will be made..."[275].

---

271) Josua 1of., ÜPent.9.16 u.ö., ÜStud.182ff.; in seinem Gefolge u.a. SMEND, Entstehung 48; SCHMIDT, Einführung 97f.; ELLIGER, KILIAN, BRUEGGEMANN. Demgegenüber sehen einen mehr oder weniger großen P-Anteil vor allem in Jos 13-22: EISSFELDT, Synopse 228*ff., Einleitung 334ff.; MOWINCKEL, Tetrateuch 51ff.; FOHRER, Einleitung 221; PFEIFFER, Introduction 19o.296. 3o6ff.; ACKROYD, Exile 97f., Israel 148ff.; siehe auch LOHFINK, Priesterschrift 198 Anm.29 u.ö.

272) KILIAN, Hoffnung 43.

273) Besonders KILIAN, auch SCHARBERT 182; WEIMAR/ZENGER 21; SCHMIDT, Einführung 98ff.; mit gewissen Modifikationen (unter Annahme von P-Bestandteilen in Jos 13ff.) ACKROYD (s.unsere Anm.271) und BRUEGGEMANN 4o5 u.ö. (ELLIGERs Interpretation um die Einbeziehung der als Landverheißung interpretierten Segensformel Gen 1,28 erweiternd); siehe auch LOHFINK, Priesterschrift 194f.2o2ff.

274) KILIAN, Hoffnung 51.

275) BRUEGGEMANN 4o9.

276) Vgl. außer den in unserer Anm.273 genannten Autoren KOHLER 332f.; JOSEPH 4o9; AUZOU 185ff.: Passa wird zum Typ der Befreiung aus aller Knechtschaft; auch SCHREINER 89.

Daß Jahwe seines Bundes gedenkt (Ex 2,24; 6,5) und seiner Verheißung treu bleibt (Ex 6,2ff.), begründet die gewisse Hoffnung, daß Jahwe erneut befreiend in das Geschick des geknechteten und wehklagenden Volkes eingreifen und es, wie damals in Ägypten, so jetzt aus der babylonischen Verbannung ins verheißene Land hineinführen werde. So verband sich die Erinnerung an die Befreiung aus Ägypten und das dem Bund gemäße Leben in der Gegenwart mit der Idee eines Passa der Zukunft, eines Wendepunkts im Geschick und des Eintritts in eine neue Existenz[276]. Darin lebte im Gewand der Hoffnung der ursprüngliche Charakter des Passa als eines rite de passage mächtig fort.
Anders werden die Akzente gesetzt von denen, die in der Erfüllung der Bundeszusage das Zentrum der priesterschriftlichen Konzeption sehen. Für sie erfüllt sich Gen 17,8; Ex 6,7 in Ex 29,45f., und deshalb ist die Erstellung des legitimen Heiligtums, die Stiftung und der Vollzug des hier geübten Kultes und die Konstituierung der ums Heiligtum versammelten Kultgemeinde der Mittelpunkt von P[277], P also eine Programmschrift für die kultische Neuordnung der Gemeinde nach dem Exil[278].
Nun muß sich beides keineswegs gegenseitig ausschließen, und in P läßt sich gerade von der Abraham - ברית her beides gut miteinander verbinden; denn beides weist auf diese ברית zurück (Gen 17,8): Das verheißene und Israel im Exil als Hoffnungsgut vor Augen gestellte Land ist der Ort, wo Jahwe als Bundesgott Israels, ja als Schöpfer und Herr der Welt (Gen 1-2,4a; 9,1-17) verehrt werden will. Die Zuordnung von Landverheißung und Sinaigesetz ist also eine funktionale: "In der Welt muß es einen Ort geben, an dem Gott so geehrt wird, wie er dies selbst will"[279].

Bei dieser Verehrung gemäß der am Sinai gesetzten Ordnung geht es, wie bei der Landnahme, um die Erfüllung und inhaltliche Konkretisierung des Abrahambundes, wie auch daran deutlich wird, daß P den Ereignissen am Sinai die Kennzeichnung als ברית vor-

---

277) So u.a.NOTH, ÜPent.7ff.259ff.; EISSFELDT, Einleitung 274f.; O.PLÖGER 42ff.; vRAD, TheolAT I 247; FOHRER, Einleitung 197f.; ZIMMERLI, Grundriß 46f.98f.; WESTERMANN, TheolAT 188f.; SMEND, Entstehung 57f.

278) EISSFELDT, Einleitung 275; NOTH, ÜPent.263f.; KOCH 1oo; FOHRER, Einleitung 2oo.

279) SEEBASS 226.

enthält, also keine selbständige Sinai-Bundestradition bietet. Der Abrahambund hat "promissory nature"[28o], und die Sinaigesetzgebung ist im Kern "lediglich Einlösung des schon Abraham Verheißenen"; "Israel steht im Abrahambund"[281], der jenseits aller Gehorsamsforderung und -leistung reiner Gnadenbund ist und nur so wirklich neue Hoffnung für Israel begründen kann, das ja am Gebot des sinaitischen Bundes gescheitert und dafür unter das Gericht des Exils gekommen war[282].
Wie Hoffnung auf Heimkehr allein in Jahwes Treue zu seiner dem Abraham gegebenen Landverheißung gründet, so gründet Hoffnung auf sich erneuerndes, geordnetes und segensreiches Leben in Jahwes Gegenwart allein in der von Jahwe selbst geschaffenen, dem Mose am Sinai gegebenen und die Bundeszusage konkretisierenden kultischen Ordnung.In ihr als der gnädigen Gabe der göttlichen Gegenwart wird wahres Leben gewährt und bewahrt[283]. Menschliche Schuld wird dabei keineswegs ignoriert, aber in Jahwes ewig gültiger Ordnung ist die beständige Möglichkeit der Sühne und Erneuerung gegeben.
Im treuen Gedenken an die Rettungstat seines Gottes und im gewissenhaften Beachten der חקת עולם soll Israel dieser Beständigkeit des göttlichen Heilswillens, wie er sich in der Ordnung der Schöpfung, des Bundes und des Kultes durch alle Etappen seiner Geschichte hindurch manifestiert, gewiß werden und solcher Gewißheit gemäß leben[284]. Mithilfe vergangenheitlicher Darstellung wirft P so Licht auf die gegenwärtige Situation und eröffnet Israel den Weg in die Zukunft. Indem er die Erzählung vom Exoduspassa so auf seine und seiner Leser Gegenwart hin transpatent macht im Sinn einer paradigmatischen Grundkonstellation[285], ermutigt er dazu, sich auf Jahwes Treue auch jetzt wieder zu verlassen, so wie sich Israel in Ägypten auf solche Treue verlassen hat - und sie in seinem Geschick erfuhr!

28o) BLENKINSOPP 278.279.

281) Beide Zitate von ZIMMERLI, Sinaibund 212.213.

282) So mit ZIMMERLI, Sinaibund 2o5ff., auch Grundriß 46f. u.a. ACKROYD, Exile 96.99; SCHARBERT 185; KEEL/KÜCHLER 46; SMEND, Entstehung 5o; auch SCHMIDT, Einführung 1o4.

283) Siehe dazu KOCH 96ff.; HENRY 25f.; ACKROYD, Exile 99f.; ZIMMERLI, Grundriß 98. Eben im Rahmen dieser Ordnung, die den Abrahambund erfüllt, er-

3. 'Hoffnung auf Heimkehr' bei Deuterojesaja und in P

Die Eigenart der priesterschriftlichen Hoffnungsbotschaft wird noch deutlicher, wenn wir zum Vergleich die Verkündigung Deuterojesajas heranziehen, in deren Mitte ein neues Exodushandeln Jahwes steht[286]. Bei diesem Vergleich werden bei gleichem Grundanliegen: Trost für die bedrückende Gegenwart, Hoffnung und Zuversicht für die anbrechende Zukunft zu vermitteln, doch unterschiedliche Sichtweisen der Zukunft in ihrem Verhältnis zur Vergangenheit erkennbar.

Deuterojesaja verkündet Heil für die Exilierten überwiegend in der Form eines neuen Exodus[287], mit Jahwe an der Spitze[288] und dem Zion, dem Ort der Heilsgegenwart Jahwes und seiner neuen, ungestörten Gemeinschaft mit Israel, als Ziel[289] - ein Ereignis, dargestellt in antitypischem Bezug zum ersten Exodus, wunderbar und unübertrefflich[29o], das den Blick von allem Früheren, Anfänglichen (ראשנות, קדמניות) weg auf das Neue, das Herankommende und Größere (חדשות, הבאות, אחריתן) lenkt[291].

vRAD[292] möchte hier die Ersetzung des alten Grundes der Erwählungsgewißheit (Abraham, Exodus u.a.), der mit dem Gericht im Exil ab-

---

halten all die legislativen und kultischen Materialien ihre Bedeutung, von denen vRAD, TheolAT I 245 bemerkt, sie würden "weithin in einer so nackten Sachlichkeit, so bar jedes theogisch deutenden Beisatzes dargeboten..."

284) Siehe dazu bes.HENRY 2off.; auch LOHFINK, Priesterschrift 222ff.

285) Siehe dazu LOHFINK, Priesterschrift 2o2ff. und SMEND, Elemente 1off.,der dieses paradigmatische (neben dem ätiologischen) Element als eine Grundform alttestamentlichen Geschichtsdenkens beschreibt.

286) In Ez 2o,32-44 (vgl. auch 37,1-14) hat diese Verkündigung, trotz mancherlei Differenzen im einzelnen, einen Vorläufer (siehe dazu außer den Kommentaren bes.ZIMMERLI, Exodus 193ff. und BALTZER 2-26).

287) Jes 4o,3-11; 41,17-2o; 42,14-17; 43,1-7.16-21; 44,1-5.27; 48,2of.; 49, 8-12; 51,9-11; 52,11f.; 55,12. Vgl. dazu außer ZIMMERLI und BALTZER (siehe unsere vorige Anm.) die Kommentare von ELLIGER und WESTERMANN z.d.St. sowie vRAD, TheolAT II 254ff. und STUHLMUELLER 66ff.233f.

288) Jes 52,12; siehe auch 4o,11; 49,1o.

289) Jes 4o,9ff.; 44,26; 49,14-22; 51,11.13; 52,1f.7ff.; 54,1ff.11ff., dazu auch BALTZER 41ff.6off.162ff.

29o) Jes 4o,3f.; 41,18f.; 42,16; 43,19f.; 44,3.27; 49,9-11; 51,3; vgl. dazu auch als auffallende Einzelheit die unter Verwendung des aus der Passatradition (nur Ex 12,11; Dtn 16,3) stammenden בחפזון vorgenommene Kontrastierung von altem und neuem Exodus in 52,12.

291) Jes 41,21-29; 42,8f.; 43,9.18f.; 46,9-11; 48,3-5.6-8 (vgl. auch die wohl

getan ist, durch einen neuen erkennen. Demgegenüber hat, wohl m.R., ZIMMERLI[293] betont, daß in der Exodustypologie trotz aller quantitativen und qualitativen Steigerungselemente doch auch die Verbundenheit der neuen mit der alten Geschichte festgehalten und so Jahwes Treue zu Erwählung und Verheißung bezeugt ist; an die Stelle der Antithetik tritt so die Dialektik. Die alten heilsgeschichtlichen Zeugnisse von Jahwes Selbsterweisen dienen der Vergewisserung der Hoffnung und als Modelle des Erhofften. Es ist ein und derselbe Gott, der damals und heute handelt und damit die Geschichte trotz aller Diskontinuität nicht in zwei völlig getrennte Etappen und somit sich selbst nicht letztlich in zwei Götter auseinandertreten läßt[294].

Die Kontinuität des Israel zugewandten Heilswillens durch alle Diskontinuität des Gerichts hindurch bekunden des weiteren die Bezeichnungen Jahwes als קדוש ישראל[295] und, damit oft verbunden, als Israels alleiniger Erlöser (גאל)[296]; gerade letztgenannter, aus dem familienrechtlichen Bereich des Rückkaufs, der Blutrache und des Levirats stammender und zu einem Zentralbegriff der Heilsverkündigung Deuterojesajas gemachter Terminus bringt die ursprüngliche und verpflichtende Verbundenheit Jahwes mit seinem Volk und darin Jahwes Herrsein und Treue im Blick auf Gültigkeit und Erfüllung der in Erschaffung und Erwählung begründeten Rechtsansprüche zum Ausdruck[297].

---

deuterojesajanisch beeinflußten Texte Jer 16,14f.=23,7f.).

292) TheolAT II 191.256f.(doch vgl. auch II 3o9f.!), ähnlich STECK 289ff.; FOHRER, Jesaja 7ff., Geschichte 335f.

293) Exodus 2o4, Grundriß 19o; siehe auch RINGGREN 268; KAHMANN 83f.; NORTH 18; MÜLLER 111ff.; WESTERMANN, Jesaja 1o4ff. (doch 166!).

294) vRAD, TheolAT II 258; STECK 292f.

295) Diese Bezeichnung (Jes 41,14.16.2o; 43,3.14; 45,11; 47,4; 48,17; 49,7; 54,5; 55,5, auch 4o,25) ist von Jesaja (1,4; 5,19.24; 3o,11f.15; 31,1) übernommen. Während sich bei Jesaja damit Jahwes zuneigende Huld und unbedingter Rechtsanspruch bzw. im Fall seiner Mißachtung sein strenges Gericht verbinden, liegt bei Deuterojesaja der Akzent auf Jahwes - trotz aller Schuld und allen Gerichts - unwandelbarem Heilswillen (vgl.ELLIGER, Deuterojesaja 151f.; WESTERMANN, Jesaja 63f.).

296) Jes 41,14; 43,1.14; 44,6.22-24; 47,4; 48,17.2o; 49,7.26; 51,1o; 52,3.9; 54,5.8.

297) Vgl. dazu FOHRER, Jesaja 4of.; BALTZER 86ff.; STUHLMUELLER 99ff.234; ELLIGER, Deuterojesaja 15of.

Dieses Festhalten Jahwes an der schon in Abraham (Jes 51,2) vollzogenen Erwählung Israels auch durch das Gericht hindurch betont des weiteren Jes 49,7 in dem Parallelismus יהוה אשר באמן – קדש ישראל ויבחרך und besonders Jes 41,9, wo die Wendung ולא מאסתיך keine versfüllende Tautologie, sondern eine inhaltlich bedeutsame Nuancierung im Sinn der Treue Jahwes darstellt[298]. Und versteht man schließlich Jes 5o,1 im Kontext von 49,14-16 und 54,5-1o, steht über aller Schuld des Volkes und der dadurch bedingten (kurzen und schmerzlichen [42,14]) Abwendung Jahwes seine bleibende Zuwendung, Güte und Treue - gegen alles vermeintliche Verstoßen und Vergessen[299].
Die Heilswende und damit Hoffnung auf Heimkehr gründen allein in Jahwes Ratschluß, der durch sein Wort den Exilierten verkündet wird. Wie sich dieses geschichtsmächtige und -überlegene Wort seit alters (gerade auch als Gerichtswort der vorexilischen Propheten!) erfüllt hat, so wird es sich auch jetzt als zuverlässig und wirksam erweisen[3oo]. Gottes Wort wirkt, was es sagt, und darin verwirklicht sich Gottes Ratschluß[3o1].
Wie für Deuterojesaja, so ist auch für P Hoffnung auf Heimkehr nicht begründet und kann nach den Gerichtserfahrungen des Exils nicht mehr begründet sein in Gehorsam und Umkehr des Volkes, sondern allein in Jahwe, seiner Treue und Macht. Umkehr und Gehorsam werden zwar gefordert[3o2], aber sie sind ermöglicht und umgriffen von Jahwes jeden menschlichen Gehorsam übersteigenden Bundeswillen. Israel steht gleichsam wieder am Anfang und ist auf Jahwes Gedenken, seine Bundestreue angewiesen.

---

298) So m.R. FOHRER, Jesaja 38; KAHMANN 85.158f.; NORTH 97; ELLIGER, Deuterojesaja 139; STUHLMUELLER 22.

299) Jes 45,17; 51,6, und zu 54,9 MÜLLER 2o7: "... die Verbindung der beiden Hälften von v.9 durch כַּאֲשֶׁר (LXX) und כֵּן bezeichnet die Kontinuität des göttlichen Handelns".

3oo) Siehe bes. 4o,5ff. und 55,6ff. als thematisch gewichtige Rahmenstücke der Verkündigung Deuterojesajas (Jes 4o-55); außerdem 41,23; 43,9ff.; 44,7.26; 45,19-23; 46,1of.; 48,5-7 und BALTZER 118ff.; STUHLMUELLER 176ff.

3o1) Auch der deuterojesajanische Begriff עצה (4o,13 - dazu V.14! -; 44,26; 46,1of.) knüpft an Jesaja an (5,19; 14,24-27; 28,29).

3o2) Siehe Jes 44,22b!; auch 44,3-5; 46,12f.; 54,6-8; 55,6f.und die der beständigen Beachtung anbefohlenen Anordnungen über Sabbat, Beschneidung und Passa bei P.

Von dieser gemeinsamen Grundposition aus betont Deuterojesaja im Blick auf den Gang der Geschichte stärker das Moment der Diskontinuität, des Bruchs und Neuanfangs bis nahe an die Grenze des Dualismus, während für P trotz der Erfahrungen der Exilszeit die Kontinuität das Bestimmende ist. Sie wurde auch bei Deuterojesaja festgehalten inbezug auf die Erwählungsgewißheit und die Geschichtsmächtigkeit des göttlichen Wortes, aber bei P erhält sie gleichsam ein sichtbar-erfahrbar-verpflichtendes Unterpfand: die חקת עולם als Konkretisierung des grundlegenden Abrahambundes. Während Deuterojesaja dazu aufrufen kann, das Alte zu vergessen und sich ganz auf das Herankommend-Neue zu konzentrieren, erinnert P ausführlich und in theologisch bedeutsamer Akzentuierung an das Alte, um dessen Transparenz für die Gegenwart deutlich werden zu lassen. Überspannt der Prophet den tiefen Bruch der Geschichte durch die Botschaft von der Selbigkeit Jahwes, seiner Treue zu Israel und der allem überlegenen Geschichtsmächtigkeit seines Wortes, so betont der Priester in der Weise, wie er von der Abraham - ברית , dem Gedenken Jahwes im Exodus und der der Ewigkeit des Bundes entsprechenden חקת עולם redet,die Stabilität, Kontinuität und Ordnung des Verhältnisses zwischen Jahwe und seinem Volk.Indem Israel im Exil des Gedenkens seines Gottes gedenkt, erfährt es sich in der Kontinuität mit allen Generationen zuvor und hernach.

Die Passa - חקה und ihre treue Befolgung durch die ganze Gemeinde Israels ist die der Gnadenordnung des Abrahambundes angemessene Lebensform und der in aller Beschränkung des Exils mögliche Vorverweis auf die volle Darstellung der Gottesgemeinschaft im erneuerten Kult. Deuterojesaja ruft seine Hörer zum Vertrauen auf Jahwes die Wende wirkendes Wort, das Zweifel und Resignation überwinden wird; P verweist seine Gemeinde auf die gerade im Passa bekundete Permanenz der Treue Jahwes. Das Exoduspassa war durch seine sachlich und kompositorisch in P hervorgehobene Position und seine bedeutungsvollen Beziehungen zur Abraham- und Sinaitradition geeignet, dieses priesterschriftliche Anliegen zu unterstreichen.

4. Die Weiterentwicklung der Passathematik in P^s

War schon in P^g die genaue Beachtung der חקת עולם durch alle Generationen hindurch mit dem Gedenken an die Befreiungstat Gottes in Ägypten verbunden und manifestierte sich darin die Zugehörigkeit Israels zu Jahwe, also die Abraham - ברית , so rückt in den sekundären Zusätzen zu P (P^s) die Sorge um die exakte Darbietung und Einhaltung dieser kultischen Regelung immer stärker in den Vordergrund.Die damit an einem Einzelbeispiel aufgewiesene Tendenz der Betonung und Vermehrung legislativer und kultischer Materialien kennzeichnet P^s insgesamt und prägt die ursprüngliche Eigenart von P^g kennzeichnend und zukunftsweisend um.

Während sich Num 28,16 ebenso wie die ältere Anordnung des Festkalenders im Heiligkeitsgesetz (Lev 23,5) auf die Nennung des Termins des ליהוה zu feiernden Passa beschränkt, bietet Num 9, 1-14 breitere Ausführungen, die sich mit dem ersten Passa nach dem Auszug (V.1-5) und mit der Regelung von Sonderfällen (V.6-14) befassen und jeglichen heilsgeschichtlichen Bezug vermissen lassen. Mit schwerfälliger Nachdrücklichkeit werden die Israeliten ermahnt, das Passa zu halten zur von Jahwe bestimmten Zeit (zweimal in V.2f. במועדו) gemäß allen dafür geltenden Satzungen und Vorschriften (V.3); und sie tun das ganz nach dem durch Mose erlassenen Gebot Jahwes, genauso (כן betont!) tun sie es (V.5)[3o3]. Jahwes Wille findet so seine exakte Erfüllung.

Dieses Interesse an den Satzungen unterstreichen V.6-14 unter Aufnahme von Ex 12,1-14, teils durch Wiederholung (V.11b-12a), teils durch die Betonung der Korrektheit der Anordnungen (V.12. 14). Und die Bedeutung dieser Satzungen wird - nicht auf Grund eines Gesetzesrigorismus um des Gesetzes willen, sondern auf Grund der Heiligkeit Jahwes und seines Willens und der ihm entsprechenden Existenz des erwählten Volkes - ganz folgerichtig unterstrichen durch die Angabe V.13, derzufolge jeder, der ohne

---

3o3) Zu der für die P-Literatur typischen "execution-formula" siehe BLENKINSOPP 276f.; vgl. in der Plagen-Passa-Überlieferung Ex.7,6.1o.2o; 8,13; 12,28.5o.

Grund (der kultischen Unreinheit oder der Abwesenheit infolge einer Auslandsreise) die Opfergabe des Passa nicht darbringt, mit dem Tode bestraft wird.

Hier endet das Thema des Zusammenhangs von Exodus und Passa an der Schwelle, hinter der die heilsgeschichtliche Motivierung und Perspektive vom Interesse an den gesetzlichen Anordnungen verdrängt zu werden droht. Diese Schwelle ist deutlich in Ez 45, 21-25; 2Chron 3o; 35,1-19 und Esra 6,19-22 überschritten, stehen hier doch die terminliche Fixierung, kultische Reinheit, Anzahl und Art der Opfer während der gesamten Festzeit des Passa-Mazzotfestes, exakt festgelegte priesterliche Funktionen und Darbringungsvorschriften beherrschend im Vordergrund.Daß das Passa trotz der damit angezeigten Entwicklung nicht vergesetzlicht worden ist, wird mehrere Gründe haben, von denen sicher die während des Passa erfolgende erzählerische und hymnische Vergegenwärtigung der Exodusereignisse, die Lebenssituation Israels in der politischen Unterdrückung und Verbannung und die aus der Passafeier gerade in solcher Situation erwachsende Hoffnung auf Erlösung und Freiheit die wesentlichen gewesen sind. Aber damit greifen wir über die uns im Alten Testament für unser Thema zur Verfügung stehenden Texte hinaus.

VII. Das Passa als Ort des Exodusgedächtnisses (Strukturen alttestamentlichen Glaubens)

Israel hat, so haben die vorangegangenen Untersuchungen gezeigt, in der Feier des Passa der in der Geschichte erfahrenen Heilstat der Herausführung aus Ägypten gedacht, d.h. in der Gegenwart in unterschiedlicher Weise an der Vergangenheit seiner Geschichte teilgenommen. Aus diesem Tatbestand ergeben sich zwei Fragen, um deren Beantwortung wir uns zum Abschluß unserer Darlegungen, wenn auch nur recht skizzenhaft, bemühen wollen: die Frage des Verhältnisses von Kult und Geschichte und der besonderen Formen der Vergegenwärtigung der Exodusereignisse. Daß beide Fragenkomplexe eng miteinander verbunden sind, ist von vornherein zu vermuten, resultieren doch die Formen der Vergegenwärtigung aus dem Verständnis, das die Kultgemeinde von sich selbst, ihrem Verhältnis zur Geschichte, der besonderen Qualität derselben und infolgedessen auch von ihrem Gottesdienst hat. Deshalb werden bei der Beantwortung der gestellten Fragen Strukturen des Glaubens Israels erkennbar werden, die sicher nicht allein das Verhältnis von Exodus und Passa bestimmen, aber doch an diesem exemplifiziert werden können.

1. Zum Verhältnis von Geschichte und Kult

Bei dieser Verhältnisbestimmung hat sich im Rahmen von Ex 1-15 eine Interpretation zu Wort gemeldet, die vor allem mit dem Namen Johannes PEDERSEN[3o4] verbunden ist und die im Blick sowohl auf ihre Begründung von Ex 1-15 her als auch auf ihre Implikationen für das Geschichtsverständnis Israels einer kurzen Darstellung und Auseinandersetzung bedarf.
Im Anschluß an die von Sigmund MOWINCKEL in Band II seiner Psal-

3o4) Voll zustimmend ENGNELL 45 + Anm.2. 47f. Gewisse Analogien finden sich auch in der kultdramatischen Interpretation von Jos 3f. (vgl. dazu unsere Ausführungen S.47ff.).

menstudien (1922)[3o5] ausgeführten und später[3o6] wiederholten Anschauung, daß der Kult immer und überall ein schöpferisches, heilige Wirklichkeit hervorbringendes Drama sei, in dem die Kultgemeinde zu Wohn- und Zeitgenossen der Ahnen werde und deren Inhalt, Liturgie und Ritual zugleich der Mythos, die Darstellung dessen sei, was im Kult geschehe, hat PEDERSEN Ex 1-15 als die, trotz mancher auf ihre Entstehungsgeschichte zurückzuführenden Unebenheiten wohlgefügte, planvoll aufgebaute Stiftungslegende des Passafestes verstehen wollen, die vornehmlich im Kult des Jerusalemer Tempels gestaltet wurde[3o7]. In dieser Legende gehe es um die "cultic glorification"[3o8] des großen Sieges Jahwes über seine im ägyptischen Pharao repräsentierten Feinde. Diese Tat sei identisch mit der Schöpfung aus dem Chaos, die sich als Urereignis in der Urzeit, der Ewigkeit, ereignet habe. Höhepunkt dieses Kampfes sei das Geschehen der Urnacht (Ex 12,42), das mit dem Sieg Jahwes und der damit gegebenen Befreiung Israels endete (14,24ff.) und im Triumphlied der Kultgemeinde (15,2-18) gefeiert werde. Dieses gipfele in der Verherrlichung des Tempels in Jerusalem, in dem Jahwe inmitten seines erlösten Volkes für immer thront (15,17). Die kultisch-dramatische Wiederbelebung dieses großen Urereignisses geschehe auf dem Wege der mimischen, rite vollzogenen Nachahmung der Auswanderung aus Ägypten (vgl.Ex 12, 11 und die Interpretation von פסח als "hüpfen" als Ausdruck grosser Eile)[3o9]; "man hat die Auswanderung sozusagen gespielt"[31o].

Die Legende enthält nach PEDERSEN Tatsachen, "die aus dem Grunde der geschichtlichen Ereignisse herausgewachsen"[311] sind. Aber es ist dem Wesen einer solchen Legende nicht angemessen, diese Tatsachen zum Objekt der Rekonstruktion geschichtlicher Abläufe zu machen. Denn "die einzelnen Geschehnisse haben keine selbständige Bedeutung, sie sollen nur lebendig machen, wie Jah-

---

3o5) 19-26.37.
3o6) Religion 73ff.94ff.
3o7) Passahfest 174.
3o8) Israel III-IV 731.
3o9) Passahfest 167.17o.
31o) Passahfest 167, ähnlich Israel III-IV 4o1.
311) Passahfest 168.
312) Ebd.

we am Urfest Pharao demütigt und seine Macht zu Gunsten Israels entfaltet"[312]. Wie die Exodusereignisse nicht der normalen Zeit, sondern der Urzeit, der Ewigkeit[313], zugehören, so ist es das Ziel des kultischen Dramas, den Kultteilnehmer der geschichtlichen Gegenwart zu entrücken, ihn zum Zeitgenossen der Urahnen und so des Segens und des Heils der Urzeit teilhaftig werden zu lassen. "Denn was am Feste stattfindet, ist über die Zeit erhoben, es ist urzeitlich und deshalb identisch mit dem, was im urzeitlichen Anfang geschah"[314]. Die Geschichte wird entleert, Urzeit und kultische Gegenwart verschmelzen in der aller Zeit gleichzeitigen transzendentalen Ewigkeit, der Kult wird zum Ort der Offenbarung.

Diese letzten Konsequenzen aus dem kultphänomenologischen Ansatz verdeutlichen einige Äußerungen von GYLLENBERG; er schreibt etwa, "dass... der Kultus im alten Israel der gegebene, vielleicht sogar einzig 'normale' Ort der Offenbarung Gottes ist"[315], was bedeutet, daß die "traditionelle Anschauung von der Offenbarung in der Natur, in der Geschichte und im Gewissen gegenstandslos" ist[316], vielmehr "die kultische Offenbarung in einem mit Zukunft und Vergangenheit geladenen Augenblick in der Gegenwart erteilt wird, dadurch aber auch einen selbständigen Wert der Geschichte als Stätte der Offenbarung ausschliesst"[317].

Gegenüber dieser Deutung von Ex 1-15 hat kein geringerer als der Initiator der kultphänomenologischen Forschung selbst, nämlich MOWINCKEL[318], begründeten Einspruch erhoben und sich damit gegen methodische Einseitigkeit und kultphänomenologischen Schematismus gewandt[319]. Er weist in eindringlichen Darlegungen darauf hin, daß PEDERSEN sowohl Ex 1-15 als Ganzes in der heute vorliegenden Form und in seinem Kontext unzutreffend interpretiert als auch die Bedeutung der Geschichte für den Glauben Israels unkorrekt erfaßt habe. Denn Ex 1-15 ist ein Komplex, der aus vielen verschiedenartigen, also nicht nur kultlegendarischen Stoffen zusammengesetzt ist und der in seiner jetzigen Form ein wesentliches Stück einer heiligen Saga bildet; und das "Konstitutive

---

313) Passahfest 169f., Israel III-IV 4o6f.4o9.

314) Passahfest 17o; vgl. auch 168: "Was im konzentrierten seelischen Zustand des heiligen Festes erlebt wird, ist identisch mit dem, was in der konzentrierten Zeit, d.h.der Urzeit geschah".

der israelitischen Religion... war eben, dass Israel seinen Gott als den in den wirklichen geschichtlichen Ereignissen Wirkenden und sich Offenbarenden erlebt... und seinen Glauben auf diese geschichtlichen Tatsachen gegründet hat"[32o].
Mit diesem Hinweis und dem sich daraus für Israels Glauben ergebenden "leidenschaftliche(n) Interesse an der Geschichte, in der Jahwe handelt und sich offenbart"[321], sind wesentliche Abgrenzungen gegen allen kultphänomenologischen Monismus und Schematismus vollzogen, auch wenn heute nicht mehr mit der Vollmundigkeit früherer Jahrzehnte, im Sinn eines theologischen Fundamentalsatzes, behauptet werden kann, die Geschichte sei das Offenbarungsmedium Jahwes und dadurch werde die wesentliche Differenz des alttestamentlichen Glaubens zu den Religionen der altorientalischen Umwelt markiert[322]. Geschichte ist ein, besonders eigentümliches, vielleicht das hervorragendste Offenbarungsmedium Jahwes, aber seine Verabsolutierung, gar Hypostasierung würde die alttestamentlichen Offenbarungszeugnisse in ihrer Vielfalt reduzieren und die unter Gottes freier Verfügungsmacht stehende Gesamtwirklichkeit in falsche Gegensätze aufspalten.
Für das Verhältnis von Geschichte und Kult in Israel und die darin gegebene Abgrenzung gegenüber den Umweltreligionen ist we-

---

315) 75.
316) 77.
317) 78.
318) Vgl. auch RINGGREN 171f. und deVAUX, Studies 21.
319) Siehe unsere Anm.86; gegen ähnlich einseitige, den historischen Gehalt vernachlässigende Interpretationen von Ex 1-15 mit dem Ziel einer Einordnung dieses Traditionskomplexes in ein weltweit verbreitetes Schema einer legendarisch-folkloristischen Darstellung des nationalen Heros (dazu reiches Material u.a. bei GRESSMANN, Mose 5ff.; FRAZER, Folk-lore 263ff; GASTER, Myth 223ff., Passover 29ff.; GRUFFYDD 26off.; A.JEREMIAS 4ooff.) hatte schon JIRKU 8o nachdrücklich Einspruch erhoben.
32o) Passahlegende 68; siehe auch 86: "In letzter Instanz hat die Tradition in der tatsächlichen Frühgeschichte Israels ihren Boden; sie vertritt Israels religiöse Deutung jener Geschichte, als Fundament des Glaubens Israels". Das ist klarer als die Feststellung Religion 77f., derzufolge gegenüber den andern altorientalischen Religionen "in der Religion Israels ein historisches Element hinzu(trat)".
321) RENDTORFF, Mythos 129.
322) Die erste These ist durch die fortschreitende Erforschung der alttestamentlichen Schöpfungs-, Rechts-, Kult- und Weisheitsüberlieferungen stark relativiert (siehe bes.BARR 61ff., auch FOHRER, Geschichte 178f.; JACOB 35f.; SMEND, Elemente 4.36f.), die zweite durch die Untersuchung von ALBREKTSON korrigiert worden.

sentlich, daß in Israel nicht die im Mythos verkündeten Urordnungen des Daseins den Kult begründen, sondern Gottes Taten in der Geschichte. So wird in der zyklischen Wiederkehr kultischer Handlungen nicht die Urordnung restituiert und ihr Segensgehalt den Kultteilnehmern rituell vermittelt und darin Sinn, Geborgenheit und Hoffnung ihres Lebens begründet, sondern es wird des Handelns Gottes, seines Heilswillens, seiner machtvollen Treue, seiner Verheißungen und Ansprüche in Zeit und Geschichte gedacht (זכר). Solchem Gedenken Israels im Kult hat darum der Alte Orient nichts wirklich Vergleichbares an die Seite zu stellen[323]. Der Kult und das in ihm zum Ausdruck kommende zyklische Zeitverständnis haben dienende Funktion gegenüber der Verkündigung der großen Taten Gottes in der Geschichte, der Kult ist Ort der Vergegenwärtigung der Heilsgeschichte.

In welchem Maße auch alttestamentliche Geschichtsüberlieferungen ihre Gestalt durch den Kult erlangt haben, ist wie z.B. bei der Sinai- und Landnahmeüberlieferung[324], so auch bei der Exodustradition Ex 1-15 evident; auf kultische Elemente wird ja ausdrücklich hingewiesen, und der Passaritus hat auf die Ausgestaltung der Auszugstradition eingewirkt - wie allerdings diese Tradition ihrerseits auch auf den Ritus -; aber das macht aus Ex 1-15 nicht einen dem Kult entwachsenen Mythos, nicht "einfach eine Riten deutende, heilige Rede"[325], einen in den Bereich des Anfangs der Geschichte Israels retrojizierten Reflex einer kultischen, ihrem Wesen nach zeitlosen Begehung[326].

Auf zwei mit der Vergegenwärtigung der Taten Jahwes im Kult verbundene Gefahren hat jüngst wieder deVRIES[327] hingewiesen: Zum

---

323) So mit CHILDS, Memory 81ff.; ALBREKTSON 115ff.; SCHMIDT, Glaube 84.

324) Siehe oben S.47ff. die Diskussion zu Jos 3ff. und möglicherweise dahinter stehende kultische Begehungen in Gilgal!

325) deVAUX, Lebensordnungen II 351, ebenso Histoire 344f. Vgl. auch die Kritik NOTHs (ÜPent.71f.) an PEDERSENs Auffassung.

326) CHILDS, Memory 81f. (vgl. auch WILCH 169f.) unterstreicht zusammenfassend diesen Sachverhalt, wenn auch seine Kritik nicht so sehr MOWINCKEL als vielmehr eine einseitig kultphänomenologische Forschung zu treffen hat, die keine Gerechtigkeit widerfahren läßt "to the radical alterations in Israel's cult which set her apart from the general Near-Eastern pattern. The fact that the myth was replaced by historical events is not of secondary importance, but effected a fundamental change in perspective. For Israel the structure of reality was historical in character

einen konnte die Einmaligkeit und Einzigartigkeit göttlicher Heilstaten zu etwas zyklisch Wiederholbarem und daher Verfügbarem werden und so das זכר zu einem selbstperpetuierenden Ritual; zum andern konnte das Gedenken steckenbleiben im Vollzug des kultischen Rituals und so die praktischen Konsequenzen für Tun und Verhalten der Kultteilnehmer vernachlässigen. Solchen Gefahren mußte immer neu dadurch begegnet werden, daß sich Israel vor die in Verheißung und Anspruch lebendige Wirklichkeit seines Bundesgottes gestellt erfuhr.

Das so skizzierte eigenartige Verhältnis von Geschichte und Kult ist bestimmt durch Israels Verständnis von Zeit[328], und dieses Verständnis ist angemessen nur zu erfassen im Koordinatensystem des Gottes-, Menschen- und Weltverständnisses Israels[329], was allerdings hier nicht weiter ausgeführt werden kann. Grundlegend ist, daß Zeit und von daher dann auch Geschichte durch das gekennzeichnet werden, was in ihnen passiert, also stets inhaltlich qualifiziert sind: stets "(bestimmter) Zeit(punkt) von/für...", wobei die Ausdehnung unbestimmt und irrelevant ist[33o]. Zeit an und für sich war, wie vergleichsweise der Mensch oder die Natur, kein eigenes Thema und so nicht von Interesse; sie war interessant nur im Horizont des Israel in Worten und Taten zugewandten Handeln Jahwes. Israel gedachte seiner Vergangenheit so, daß es des erwählenden, gemeinschaftsgründenden, richtenden und Verheißung erfüllenden Redens und Handelns Jahwes gedachte, und es redete von der Zukunft, indem es von solcherart zukünftigem Handeln seines Gottes redete. Geschichte gab es deshalb nur, "sofern und soweit Gott mit ihm gegangen"[331] war und, möglicherweise ganz neu,

---

and not mythical. These historical events could not be repeated; they were forever fixed in an historical sequence".

327) 347f.; ähnlich ALBREKTSON 116f. in seiner Auseinandersetzung mit GYLLENBERG.

328) Siehe dazu u.v.a. vRAD, TheolAT II 1o8ff.188ff.441ff.; JENNI, Tag 7o7ff., Zeit 37off.; WILCH 17of. und die große Arbeit von deVRIES.

329) Dazu exemplarisch vRAD, TheolAT I 216ff.225ff., II 359ff.

33o) JENNI, Zeit 371.

331) vRAD, TheolAT II 116.

332) ZIMMERLI, Grundriß 159.

gehen würde. Geschichte nahm darum "nie die Züge des neutralen Fatums an"[332], sondern wurde erfahren, verstanden und erzählt als Gottes Werk in Gnade und Gericht, als heilvolle und bedrohliche Begegnung und war so nur in personalen Kategorien darstellbar.

Dieser Auffassung von Zeit und Geschichte entspricht es, daß der Kult, die festliche Zeit, der Tag des Gedenkens keine Termine eigener Wahl, sondern göttliche Setzungen waren - Tage, die Jahwe gemacht hat (Ps 118,24; siehe auch JesSir 33,7-9), die auf Jahwes Stiftung in der Geschichte zurückgingen und zur ewigen Beachtung gegeben waren (Ex 12,14.24; Dtn 16,1). In der Geschichte ist Jahwe seinem Volk Israel begegnet, hat sich als Gott des Volkes erwiesen, Israels Existenz begründet und erhalten und seine Geschichte gelenkt. Die Feste werden zum Ort, wo Jahwes Heilshandelns gedacht, wo es vergegenwärtigt wird. Was bedeutet das im Blick auf das Passa?

2. Formen der Vergegenwärtigung des Exodus im Passa

In Ex 12,14 heißt es, das Passa sei eingesetzt לזכרון . Israel gedenkt seines Gottes, weil Gott zuerst seines Bundes mit Israel gedacht hat (Ex 2,24; 6,5 P); das Passa ist eine Wachenacht, weil Jahwe in dieser Nacht über Israel in Ägypten gewacht hat (Ex 12, 42 P)[333]. Wird Jahwes Heilshandeln im Kult gedenkend vergegenwärtigt, so handelt es sich dabei menschlicherseits ganz allgemein "um ein korrespondierendes Tun oder Verhalten gegenüber einer Stiftung und Setzung Gottes"[334].
Dieses gedenkende Vergegenwärtigen geschieht MOWINCKEL zufolge durch die "Wiederbelebung der heiligen Geschichte im Kultfeste"[335].

---

333) ליל שמרים ליהוה ist im Doppelsinn des dat.auct. und dat.commodi zu verstehen; siehe dazu die schönen Ausführungen von FÜGLISTER 131f.135f.
334) GROSS 232.
335) Passahlegende 68; vgl. außer PEDERSEN und ENGNELL ähnlich auch HOOKE 5o; VRIEZEN 243; KAUFMANN 117; RINGGREN 31.36.167ff.; WEISER 71f. und die Auffassung von HAAG, Bundesfeier 36, Gedächtnis 571.

Darin stimmt er, trotz der erheblichen Einschränkungen, die er im Blick auf die Interpretation von Ex 1-15 gemacht hat, mit PEDERSEN überein. Als Belege für ein solches Passa-Kultdrama werden gern Ex 12,11 und die Deutung von פסח als mimischer Tanzritus, als Hüpftanz, angeführt. Der alljährlich wiederholte Ritus ist ein "re-enactment of the original historical situation"[336]. Infolgedessen hat זכר den Sinn von Wiederbeleben, Wiederhervorrufen, Nachbilden, Wirklichwerden von Ereignissen, wie RINGGREN[337] mit Verweis auf Ps 48,1o und Dtn 5,2-5; 29,1o-12 ausführt. In diesem Kultdrama hat auch die Tradition gelebt und ihre Form erhalten[338].

Eine Untersuchung der Passa- und der darüber hinaus angeführten Ps- und Dtn-Texte erweist diese aber für eine solche Interpretation als nicht ausreichend; denn weder Ps 48,1o noch andere in diesem Zusammenhang genannte Ps-Stellen (9,15; 44,2ff.; 62,12; 75,2; 78,3ff.) denken sich die Vergegenwärtigung des Heilshandelns Jahwes in den Strukturen kultdramatischer Begehungen, sondern in den Kategorien des Sagens, Erzählens, Kündens, Weitergebens, Nichtverschweigens, Belehrens, dem Hören, Annehmen und Befolgen korrespondieren[339].

Vergegenwärtigung im Wort ist auch die Form des Gedenkens im deuteronomi(sti)schen Schrifttum. Die kultätiologische Katechese (Ex 12,24-27a) behält sehr deutlich, ebenso wie die Psalmen, den unaufhebbaren, durch kein kultisches Ritual zu beseitigenden Zeitabstand zwischen dem Exoduspassa und der Feier des Passa in der Gegenwart im Bewußtsein. Vergegenwärtigt wird auch hier in der Form der Belehrung und Erzählung. Das paränetische Anliegen der Gleichzeitigkeit, das sich in dem häufigen "Heute" (7ox im Dtn היום הזה) als dem "Generalnenner der gesamten deuteronomischen Predigt"[34o] ausdrückt, hat sicher etwas mit dem Kult im weiteren Sinn zu tun, da Predigt ihren Ort im Kult hat, aber deshalb noch

336) HOOKE 5o.
337) 168 mit PEDERSEN, Israel I-II 1o6f.
338) MOWINCKEL, Passahlegende 68.
339) Zu diesem Ergebnis kommt auch SCHOTTROFF, Gedenken II 516f.
34o) vRAD, Hexateuch 35.

nichts mit kultdramatischem Spiel. Wenn gleichsam mehrere Jahrhunderte ausgelöscht und die Hörer noch einmal in die Wüste vor das Angesicht des Mose gestellt werden, dann ist das sachlich begründet in der Situation und in dem Anliegen, aus denen heraus hier gepredigt wird: Die immensen Bedrohungen der Gegenwart, die sich aus dem Vergessen der Geschichte und aus dem religiös-kultischen Synkretismus ergeben, können nur durch eine entschlossene und kompromißlose Rückkehr zu Jahwes Willen abgewendet werden. Israels Heil besteht darin, daß Jahwes Bund in Kraft steht - heute und für morgen so fest und gültig wie in den Tagen der Väter. Diese durch die Generationen hindurch bestehende Geltung von Jahwes Entscheidung für Israel, die jede nachgeborene Generation gleichzeitig macht mit den Vätern, begründet das "Heute" der deuteronomi(sti)schen Predigt. Erwählung und Bund sind sub specie Dei nicht Vergangenheit, sie bedeuten vielmehr Rettung, Bewahrung und Heil auch und gerade für das Israel der Gegenwart[341]. Hier wird in der Erfahrung der Diskontinuität der Zeiten und Ereignisse von der beständigen, kontinuierlichen Treue und Zugewandtheit Jahwes gepredigt. Herzandringend und an die Einsicht appellierend wird in dieser Predigt die Vergangenheit so vergegenwärtigt, daß Israel zum Gehorsam, zur Liebe Jahwe gegenüber (Dtn 6, 4f.) als Antwort auf Jahwes zuvorkommende Liebe aufgerufen wird. Diese Verbindung von Erzählen der Ruhmestaten Jahwes, auf diese begründetem Vertrauen und Halten der Gebote kommt auch in dem deuteronomi(sti)sch beeinflußten Ps 78,2-8 zum Ausdruck. Hier geht es nicht um die zyklische Wiederkehr bestimmter Zeiten, wie sie im Kultdrama erlebt wird, auch nicht um das Auslöschen der Geschichte, d.h. um das Überspringen der zeitlichen Differenz zwischen dem Damals und dem Heute; denn die deuteronomi(sti)sche Predigt ist nicht auf bestimmte, jährlich wiederkehrende Anlässe, also auf heilige Zeiten, fixiert. Sie kommt her von der Erfahrung

---

341) In diesem Sinn auch WILCH 17o: Der deuteronomi(sti)sche Prediger "does not attempt to actualize Moses and his time in the present, but rather tries to actualize the validity of the principles of 'that occasion' for his 'today'"; vgl. auch die Ausführungen von SCHILDENBERGER 83ff.

der weiterlaufenden und sich von der Vergangenheit immer mehr entfernenden Geschichte, die ihr zu einem bedrängenden Problem geworden ist. Daß die Hörer dieser Predigt nicht wie die Teilnehmer am Kultdrama gleichsam aus der Zeit herausgenommen werden, unterstreicht die Gebotsparänese mit Nachdruck.
Schließlich gibt auch Ex 12,1-14 (P) keinen ausreichenden Beleg für die These einer kultdramatischen Vergegenwärtigung. Abgesehen von der noch immer umstrittenen Deutung des Terminus פסח können auch gewisse rituelle Formen wie die in V.11 genannten nicht mehr besagen, als daß sie Erinnerungsträger sind, die an die Situation des Urpassa denken lassen sollen, in der die Passaordnung begründet, legitimiert und für alle nachfolgenden Geschlechter als verbindliche Ordnung proklamiert wurde. Daß es bei jedem folgenden Passa genauso gemacht werden soll wie in der ersten Passanacht in Ägypten, weil Jahwe diese Ordnung eingesetzt hat, ist ebenso wenig ein Akt kultdramatischer, gespielter, die Heilszeit heraufführender Vergegenwärtigung wie das Erzählen und Deuten der Passakatechese oder das Gedenken der großen Taten Jahwes in den Hymnen, Klage- und Dankliedern des Volkes[342].
Da uns die vordeuteronomische Überlieferung (Ex 12,21-23.27b; Jos 5,1o-12) zwar Hinweise auf die historisierende Verbindung, aber keine Auskunft über die besondere Art der Vergegenwärtigung des Exodus im Passa gibt, müssen wir uns auf der Suche nach den Formen dieser Vergegenwärtigung auf die deuteronomi(sti)sche und priesterschriftliche Tradition konzentrieren:
1. Die von Jahwe in der Exodussituation gestifteten Formen des Urpassa werden beständig und getreu wiederholt. Diese von Jahwe gesetzte Ordnung, nach der alljährlich das Passa gefeiert wird, ist das Medium und die legitime Form des Gedenkens.
2. Das Gedenken erfolgt im Rahmen der Erzählung. Israel erzählt die חסדי יהוה und vergegenwärtigt darin die Treue und Macht seines Gottes und so den Grund seiner eigenen Existenz. Wenn Israel so seines Gottes gedenkt, gedenkt es seiner eigenen Geschichte, die im Gedenken Jahwes ihren Grund hat.

---

342) Vgl. dazu WESTERMANN, Vergegenwärtigung 3o6ff.

3. Die Erzählung hat ihren Ort in der kultischen Belehrung, die den Ritus ätiologisch erklärt. Weil Grund, Sinn und Zweck des Ritus der nachwachsenden Generation nicht unbekannt sein dürfen, weil die Kontinuität der Geschlechter des einen Israel in der Feier des Passa gewahrt werden muß, werden die Alten im Kult und durch sie die Jungen durch die Erzählung vom ägyptischen Passa belehrt.

4. Die Vergegenwärtigung erfolgt schließlich in der Predigt, in der Jahwes Treue und Heilswille als jede Gegenwart übergreifend, gültig und beständig verkündet werden. Wie Jahwe damals den Vätern gegenübertrat, so tritt er auch dem heutigen Israel mit der Zusage seines Bundes gegenüber.

All diese Formen haben nichts mit einer auf das Intellektuelle beschränkten Erinnerung zu tun. Das würde von vornherein nicht mit der ganzheitlichen Sicht des Menschen zusammenpassen, die für die alttestamentliche Frömmigkeit bestimmend ist. Es wird aber auch speziell dadurch ausgeschlossen, daß das Gedenken stets ein Verhalten in sich schließt oder nach sich zieht: den Gehorsam, der sich im exakten Halten der Passaordnung zeigt; die Antwort der reinen Jahweverehrung und des dem Liebesgebot entsprechenden Verhaltens dem Nächsten gegenüber; die Verpflichtung, Jahwes Treue und Wunder weiterzuerzählen. In der Erinnerung drängt sich die Vergangenheit als Verpflichtung und gestaltende Kraft für Gegenwart und Zukunft auf, die den ganzen Menschen in seinem Denken und Verhalten beansprucht[343].

Von hieraus läßt sich das, was mit Vergegenwärtigung der Exodusereignisse gemeint ist, nicht nur seinen Formen, sondern auch seiner Bedeutung nach zusammenfassend bestimmen. Vergegenwärtigung heißt für den Einzelnen und für jede neue Generation sicher nicht nur, sich "der Solidarität des Gesamtvolkes durch alle Zeiten seiner geschichtlichen Existenz hindurch"[344] bewußt zu werden; wohl auch nicht nur, dessen eingedenk zu sein, daß mit dem Exodus ein bis in die Gegenwart hinein reichender Heilszustand geschaffen

---

343) PEDERSEN formuliert treffend: "When man remembers God, he lets his being and his actions be determined by him" (Israel I-II 1o6).

344) NOTH, Vergegenwärtigung 12 (er selbst lehnt aber diese Interpretation ab).

ist, aus dem jede nachgeborene Generation ihren Nutzen zieht. Beides allein kann nämlich ein Doppeltes nicht ausreichend erklären: das eindringliche, fast leidenschaftliche "Heute" der deuteronomi(sti)schen Predigt und die individuelle applicatio der Heilsereignisse samt der aus ihnen resultierenden Verpflichtung. Auf dem Hintergrund dieser Sachverhalte kann Vergegenwärtigung nur heißen, daß Israel als Gesamtheit und jeder Einzelne in ihr in einer der Exodusgeneration analogen Weise Jahwe gegenübersteht: Wie den Vätern, so gilt auch der gegenwärtigen Generation Jahwes Erwählung, Treue und Verheißung, sein Bund ist gültig und steht in Kraft, sein Wille ist verbindlich, und darum ist Gehorsam gefordert - dies in dem unumkehrbaren Gefälle von Erwählung - Gebot - Gehorsam. Israel vergegenwärtigt sich in seiner Zeitgebundenheit durch das Medium seiner kultischen Ordnungen und geschichtlichen Traditionen das Heilshandeln Jahwes als Anfang seiner Geschichte und Grund seiner Existenz, das zwar einmalig, unwiederholbar - auch im kultischen Drama nicht wiederholbar! - und zeitlich fixiert, aber in seiner Geltung und seinem Anspruch nicht statisch und, weil in die Vergangenheit zurückgeglitten, relativ, sondern dynamisch und aktuell ist und jede neue Generation in Pflicht nimmt.
War also der Passakult auf die Heilstat Jahwes in der Geschichte antwortendes Handeln und betraf die in ihm stattfindende Vergegenwärtigung jede neue Generation und ihre einzelnen Glieder in ihrem persönlichen Verhältnis zu Jahwe, dann kann das, was sich hier ereignet, nur in personalen Kategorien zur Sprache gebracht werden[345]. Voranstehende Beobachtungen zusammenfassend, kann daher abschließend gesagt werden:

---

345) So zutreffend WRIGHT 19. Nur bei Gefahr der Mysterienfrömmigkeit, die grundsätzlich die gleichen Strukturen hat wie die Kultfrömmigkeit in Israels Umwelt, kann man das Geschehen des Gedenkens und der Vergegenwärtigung so impersonal und sakramentalistisch im Sinn des ex-opere-operato-Denkens darstellen, wie es GROSS tut, wenn er etwa ausführt: "Dank göttlicher Stiftung folgt solchem Tun und Verhalten (scil.: dem Gedenken an Jahwes Heilshandeln) dann <u>aus immanenter Dynamik</u>, die Gott in das Gedenken selber hineingelegt hat, die Zuwendung des Heils und der göttlichen Huld" (235), wobei "immanente Dynamik" heißt, daß "<u>eine dem Heilshandeln und seiner Aktualisierung von Gott eingegebene 'übernatürliche' Gesetzmäßigkeit (waltet), die der Mensch durch sein Gedenken in Bewegung setzt</u>" (236). Diese Deutung übersieht das für die deuteronomi(sti)sche

1. War das Passa das Fest, an dem in einzigartiger Weise Lob und Dank lebendig waren im Gedenken an Jahwes gnädiges Erwählen und wundermächtiges Erretten, dann wurde die Teilnahme an dieser Feier "zu einer alljährlich wiederholten feierlichen Erneuerung des Bekenntnisses zur Jahwe- und Israelzugehörigkeit"[346].
2. Dieses Bekenntnis schloß die Verpflichtung ein, den Anordnungen Jahwes im kultischen Bereich wie auch seinen auf das menschliche Miteinander im Alltag gerichteten Geboten zu gehorchen. So folgt dem Heilshandeln Jahwes das "Du sollst" der menschlichen Gesetzesbeachtung, die in der Gottes- und Nächstenliebe Mitte und Ziel hat.
3. Im Gedenken an Jahwes Exodushandeln fand Israel besonders in der Zeit des Exils, als Tempel und Heimat verloren gegangen waren, Trost und Kraft. Indem sich Israel, in einer dem Aufenthalt in Ägypten vergleichbaren Lage, aufs neue seines Gottes und seiner Geschichte mit ihm erinnerte, lernte es wieder auf die Treue und Macht Jahwes vertrauen.
4. Dieses Vertrauen, das im Gedenken an den Exodus gründet, weckt die Hoffnung, daß Jahwe auch in der Zukunft seine unverbrüchliche Treue und Hilfsbereitschaft erweisen werde. So hält gerade in Zeiten der Bedrückung das Passa die Sehnsucht wach, daß Jahwe seinem Volk einen neuen Exodus schenken möchte; es wird zum "Wurzelgrund und Nährboden"[347] der sich auf Jahwes endgültiges Heil richtenden eschatologischen Hoffnung.

Predigt so bedrängende Problem der Geschichte und die Verpflichtung jedes Einzelnen zur Gesetzesbefolgung.

346) FÜGLISTER 228.

347) FÜGLISTER 221; vgl. auch MAIER 388.

Nachträge

Zu S.46

N Auch weist der Umstand, daß bei allen vorangegangenen Plagen (Ex 7,14-1o,29) Israel ohne eigene Vorkehrungen verschont, bei der letzten Plage aber zum Vollzug des Blutritus aufgefordert und damit dieser Ritus kompositorisch und thematisch hervorgehoben wird, darauf hin, daß hier für J ein lebendiges Interesse an der Einordnung des Passa in die Erzählung vorlag. Das spricht dafür, daß das Passa bereits zum Erinnerungsträger geworden, d.h. historisiert war und in dieser Funktion in Ex 12 legitimiert wird.

Zu Anm.145

N Dagegen in eingehenden Analysen OTTO: Mazzotfest 269ff. (siehe auch Erwägungen 21) und HALBE, Privilegrecht 3o2ff., die den Abschnitt bis auf wenige Zusätze J zuschreiben.

Zu Anm.16o

N deVAUX, Histoire 557f.

Zu Anm.168

N deVAUX, Histoire 552ff.

Zu Anm.171

N deVAUX, Histoire 557

ABKÜRZUNGSVERZEICHNIS

LITERATURVERZEICHNIS

Abkürzungsverzeichnis

AnBib	Analecta Biblica
Ang	Angelicum
ATD	Das Alte Testament Deutsch
AThANT	Abhandlungen zur Theologie des Alten und Neuen Testaments
AThR	Anglican Theological Review
AzTh	Arbeiten zur Theologie
BBB	Bonner Biblische Beiträge
Bib	Biblica
BiBe	Biblische Beiträge
BK	Biblischer Kommentar. Altes Testament
BO	Bibliotheca Orientalis
BOT	De Boeken van het Oude Testament
BR	Biblical Research
BuK	Bibel und Kirche
BuL	Bibel und Leben
BZ	Biblische Zeitschrift
BZAW	Beihefte zur Zeitschrift für die alttestamentliche Wissenschaft
BWANT	Beiträge zur Wissenschaft vom Alten und Neuen Testament
CB	Connaissance de la Bible
CB.OT	Coniectanea Biblica. OT - Series
CBC	The Cambridge Bible Commentary
CBQ	The Catholic Biblical Quarterly
Conc	Concilium
CRB	Cahiers de la Revue Biblique
CThM	Calwer Theologische Monographien
DBAT	Dielheimer Blätter zum Alten Testament
DBS	Dictionnaire de la Bible. Supplement
DicB	A Dictionary of the Bible
EKL	Evangelisches Kirchenlexikon
ESW	Ecumenical Studies in Worship
ET	The Expository Times
ETR	Études Theologiques et Religieuses
EvTh	Evangelische Theologie
Exp	The Expositor
FRLANT	Forschungen zur Religion und Literatur des Alten und Neuen Testaments
fzb	forschung zur bibel
GAT	Grundrisse zum Alten Testament. ATD Erg.-Reihe
HAT	Handbuch zum Alten Testament
HK	Göttinger Handkommentar zum Alten Testament
HSAT	Die Heilige Schrift des Alten Testaments, übers.v. E.Kautzsch, 4.Aufl.hrg.v.A.Bertholet
HSchAT	Die Heilige Schrift des Alten Testaments, hrg.v.F.Feldmann und H.Herkenne
Int	Interpretation. A Journal of Bible and Theology
IntB	The Interpreter's Bible
IntBD	The Interpreter's Dictionary of the Bible
JA	Journal Asiatique
JBL	Journal of Biblical Literature and Exegesis
JLH	Jahrbuch für Liturgik und Hymnologie

JThSt	The Journal of Theological Studies
KeH	Kurzgefaßtes exegetisches Handbuch zum Alten Testament
KHC	Kurzer Hand-Commentar zum Alten Testament
KoTB	Kohlhammer Taschenbücher
KuD	Kerygma und Dogma
LOS	London Oriental Series
LThK	Lexikon für Theologie und Kirche
LThSt	Luzerner Theologische Studien
NCB.OT	New Clarendon Bible. Old Testament
NKZ	Neue Kirchliche Zeitschrift
NStB	Neukirchener Studienbücher
NTT	Norsk Theologisk Tidsskrift
OrSuec	Orientalia Suecana
OTL	The Old Testament Library
OTS	Oudtestamentische Studiën
PCB	Peake's Commentary on the Bible
PEQ	Palestine Exploration Quarterly
RB	Revue Biblique
RdM	Die Religionen der Menschheit
RE	Realencyklopädie für protestantische Theologie und Kirche
RGG	Die Religion in Geschichte und Gegenwart
RMP	Revista do Museu Paulista. São Paulo
SAT	Die Schriften des Alten Testaments
SBS	Stuttgarter Bibelstudien
SGK	Schriften der Königsberger Gelehrten Gesellschaft. Geisteswissenschaftliche Klasse
SGVS	Sammlung gemeinverständlicher Vorträge und Schriften aus dem Gebiet der Theologie und Religionsgeschichte
SR	Symbolik der Religionen, hrg.v.F.Herrmann
ST	Sammlung Töpelmann
StANT	Studien zum Alten und Neuen Testament
StBTh	Studies in Biblical Theology
StTh	Studia Theologica
TEH	Theologische Existenz heute
THAT	Theologisches Handwörterbuch zum Alten Testament
ThB	Theologische Bücherei
ThLZ	Theologische Literaturzeitung
ThSt	Theologische Studien
ThT	Theologisch Tijdschrift
ThW	Theologische Wissenschaft. Sammelwerk für Studium und Beruf
ThZ	Theologische Zeitschrift
TOTC	The Tyndale Old Testament Commentaries
UJEnc	The Universal Jewish Encyclopedia
VFVRL	Veröffentlichungen des Forschungs-Instituts für Vergleichende Religionsgeschichte an der Universität Leipzig
VT	Vetus Testamentum
VTS	Supplements to Vetus Testamentum
WB	Die Welt der Bibel. Kleinkommentare zur Heiligen Schrift
WMANT	Wissenschaftliche Monographien zum Alten und Neuen Testament
ZAW	Zeitschrift für die alttestamentliche Wissenschaft

ZBK	Zürcher Bibelkommentare
ZKM	Zeitschrift für die Kunde des Morgenlandes
ZkTh	Zeitschrift für katholische Theologie
ZThK	Zeitschrift für Theologie und Kirche

EThSt	Erfurter Theologische Studien

Literaturverzeichnis

Sind von einem Autor mehrere Beiträge genannt, so erscheint die in den Anmerkungen verwendete Titelabkürzung im folgenden Verzeichnis in Klammern hinter der vollständigen bibliographischen Angabe.

ACKROYD, P.R.: Israel under Babylonia and Persia, NCB.OT IV, Oxford [2]1979 (Israel)

--- Exile and Restauration. A Study of Hebrew Thought of the Sixth Century BC, London [4]198o (Exile)

ALBREKTSON, B.: History and the Gods. An Essay on the Idea of Historical Events as Divine Manifestations in the Ancient Near East and in Israel, CB.OT 1, Lund 1967

ARNOLD, W.R.: The Passover Papyrus from Elephantine, JBL 31 (1912) 1-33

ATKINSON, C.W.: The Ordinances of Passover-Unleavened Bread, AThR 44 (1962) 7o-85

AUERBACH, E.: Wüste und Gelobtes Land, Bd.I: Die Geschichte Israels von den Anfängen bis zum Tode Salomos, Berlin [2]1938 (Wüste)

--- Moses, Amsterdam 1953 (Moses)

--- Die Feste im alten Israel, VT 8 (1958) 1-18 (Feste)

AUZOU, G.: De la servitude au service, CB 3, Paris 1961

BAENTSCH, B.: Exodus - Leviticus - Numeri, HK I,2, Göttingen 19o3

BALTZER, D.: Ezechiel und Deuterojesaja. Berührungen in der Heilserwartung der beiden großen Exilspropheten, BZAW 121, Berlin/New York 1971

BARR, J.: Alt und Neu in der biblischen Überlieferung. Eine Studie zu den beiden Testamenten, München 1967

BARROSSE, T.: Pascha und Paschamahl, Conc 4 (1968) 728-733

BAUER, L.: Deuteronomium 16,1-8, NKZ 37 (1926) 794-8o5

BEER, G.: Pascha oder das jüdische Osterfest, SGVS 64, Tübingen 1911 (Pascha)

--- Pesachim (Ostern), Die Mischna II,3, Gießen 1912 (Pesachim)

--- Exodus. Mit einem Beitrag von K.Galling, HAT I,3, Tübingen 1939 (Exodus)

BENZINGER, I.: Hebräische Archäologie, Leipzig [3]1927

BERTHOLET, A.: Kulturgeschichte Israels, Bd.I/II, Göttingen 1919/192o

BLAIR, E.P.: An Appeal to Remembrance. The Memory Motif in Deuteronomy, Int 15 (1961) 41-47

BLENKINSOPP, J.: The Structure of P, CBQ 38 (1976) 275-292

deBOER, P.A.H.: Gedenken und Gedächtnis in der Welt des Alten Testaments, Stuttgart 1962

BOTTERWECK, G.J.: Israels Errettung im Wunder am Meer, BuL 8 (1967) 8-33

BRANDON, S.G.T.: History, Time and Deity. A Historical and Comparative Study of the Conception of Time in Religious Thought and Practice, Manchester/New York 1965

BRIGHT, J.: The Book of Joshua, IntB 2, New York/Nashville 1953 (Joshua)

--- Geschichte Israels von den Anfängen bis zur Schwelle des Neuen Bundes, Düsseldorf 1966 (Geschichte)

BROCK-UTNE, A.: Eine religionsgeschichtliche Studie zu dem ursprünglichen Passahopfer, AR 31 (1934) 272-278

BRUEGGEMANN, W.: The Kerygma of the Priestly Writers, ZAW 84 (1972) 397-414

BUBER, M.: Moses, Zürich 1948

BUCK, H.M.: People of the Lord, New York/London 1966

Cassuto, U.: A Commentary on the Book of Exodus, Jerusalem 1967

CHILDS, B.S.: Memory and Tradition in Israel, StBTh 37, London 1962 (Memory)

--- Rezension von J.B.Segal, The Hebrew Passover from the Earliest Times to A.D.7o, JBL 83 (1964) 94f. (Rezension)

--- Exodus, OTL, London 1974 (Exodus)

CLEMENTS, R.E.: Exodus, CBC, Cambridge 1972

COLE, A.: Exodus, TOTC, London 1973

CORNFELD, G./BOTTERWECK, G.J. (Hrg.): Die Bibel und ihre Welt, dtv-Lexikon Bd.2, München 1972, 5o1-512

COUROYER, B.: L'origine Égyptienne du mot "Pâque", RB 62 (1955) 481-496

CURTISS, S.I.: Ursemitische Religion im Volksleben des heutigen Orients, Leipzig 19o3

DALMAN, G.: Arbeit und Sitte in Palästina, Bd.I: Jahreslauf und Tageslauf, Gütersloh 1928

DHORME, E.: L'évolution religieuse d'Israël, I: La religion des Hébreux nomades, Brüssel 1937

DIEBNER, B.: Neue Ansätze in der Pentateuchforschung, DBAT 13 (1978) 2-13

DIETRICH, W.: Josia und das Gesetzbuch (2 Reg.XXII), VT 27 (1977) 13-35

DILLMANN, A.: Die Bücher Exodus und Leviticus, KeH 12, Leipzig [2]188o

DRIVER, S.R.: The Book of Exodus, Cambridge (1911)1918

DUSSAUD, R.: Les origines Cananéennes du sacrifice Israélite, Paris 1921

EERDMANS, B.D.: The Passover and the Days of the Unleavened Bread, Exp 8 (19o9) 448-462

EHRLICH, A.B.: Randglossen zur hebräischen Bibel, Bd.I-VII, reprograph.Nachdr. (19o8ff.) Hildesheim 1968

EHRLICH, E.L.: Die Kultsymbolik im Alten Testament und im nachbiblischen Judentum, SR III, Stuttgart 1959

EICHRODT, W.: Theologie des Alten Testaments, Bd.I: Gott und Volk, Stuttgart/ Göttingen [6]1959

EISSFELDT, O.: Hexateuch-Synopse, Leipzig 1922 (Synopse)

--- Art."Feste und Feiern: II. In Israel", RGG II, Tübingen [2]1928, 55o-558 (Feste)

--- Einleitung in das Alte Testament unter Einschluß der Apokryphen und Pseudepigraphen sowie der apokryphen- und pseudepigraphenartigen Qumrān-Schriften, Tübingen [3]1964 (Einleitung)

ELHORST, H.J.: Die deuteronomischen Jahresfeste, ZAW 42 (1924) 136-145

ELLIGER, K.: Sinn und Ursprung der priesterlichen Geschichtserzählung, ZThK 49 (1952) 121-143 (Sinn)

--- Deuterojesaja, 1.Tbd. (Jesaja 4o,1-45,7), BK XI/1, Neukirchen-Vluyn 1978 (Deuterojesaja)

ENGNELL, I.: Paesaḥ-Maṣṣōt and the Problem of 'Patternism', OrSuec I (1952) 39-5o

EWALD, H.: De feriarum hebraeorum origine ac ratione commentatio, ZKM 3 (184o) 41o-441 (Commentatio)

--- Die Alterthümer des Volkes Israel. Anhang zum 2.u.3.Bd. der Geschichte des Volkes Israel, Göttingen [3]1866 (Alterthümer)

FEVRIER, J.G.: Essai de reconstitution de sacrifice molek, JA 248 (196o) 167-187

FOHRER, G.: Das Buch Jesaja, Teil III, ZBK, Zürich/Stuttgart 1964 (Jesaja)

--- Überlieferung und Geschichte des Exodus. Eine Analyse von Ex 1-15, BZAW 91, Berlin 1964 (Überlieferung)

--- Einleitung in das Alte Testament, begr.v.E.Sellin, Heidelberg [1o]1965 (Einleitung)

--- Geschichte der israelitischen Religion, Berlin 1969 (Geschichte)

FRAZER, J.G.: Folk-lore in the Old Testament. Studies in comparative religion legend and law, London 1923 (Folk-lore)

--- The Golden Bough, III: The Dying God, London ^{3}1963 (Bough)

FÜGLISTER, N.: Die Heilsbedeutung des Pascha, StANT 8, München 1963

FUSS, W.: Die deuteronomistische Pentateuchredaktion in Exodus 3-17, BZAW 126, Berlin/New York 1972

GALLING, K.: Die Erwählungstraditionen Israels, BZAW 48, Gießen 1928

GASTER, T.H.: Passover. Its History and Traditions, London/New York 1958 (Passover)

--- Myth, Legend, and Custom in the Old Testament, New York/Evanston 1969 (Myth)

GERLEMAN, G.: Was heißt פֶּסַח ?, ZAW 88 (1976) 4o9-413

GESE, H.: Die Religionen Altsyriens, in: H.Gese, M.Höfner, K.Rudolph, Die Religionen Altsyriens, Altarabiens und der Mandäer, RdM 1o,2, Stuttgart/Berlin/Köln/Mainz 197o, 1-232

GRAY, J .: I & II Kings. A Commentary, OTL, London 1964

GRAY, G.B.: Passover and Unleavened Bread: The Laws of J,E, and D, JThSt 37 (1936) 241-253

GRELOT, P./PIERRON, J.: Osternacht und Osterfeier im Alten und Neuen Bund, WB 4, Düsseldorf 1959

GRESSMANN, H.: Mose und seine Zeit. Ein Kommentar zu den Mose-Sagen, Göttingen 1913 (Mose)

--- Die Anfänge Israels (Von 2.Mose bis Richter und Ruth), SAT I,2, Göttingen ^{2}1922 (Anfänge)

GROSS, H.: Die Wurzel zkr, BZ 4 (196o) 227-237

GRUFFYDD, W.J.: Moses in the Light of comparative Folklore, ZAW 46 (1928) 26o-27o

GUNKEL, H.: Genesis, HK I,1, Göttingen ^{8}1969

GUNNEWEG, A.H.J.: Mündliche und schriftliche Tradition der vorexilischen Prophetenbücher als Problem der neueren Prophetenforschung, FRLANT 73 (NF 55), Göttingen 1959 (Tradition)

--- Geschichte Israels bis Bar Kochba, ThW 2, Stuttgart/Berlin/Köln/Mainz 1972 (Geschichte)

GUTHE, H.: Das Passahfest nach Dtn 16, in: Abhandlungen zur Semitischen Religionskunde und Sprachwissenschaft, FS W.W.Graf v.Baudissin, BZAW 33, Gießen 1918, 217-232

GYLLENBERG, R.: Kultus und Offenbarung, in: FS S.Mowinckel, NTT 56 (1955) 72-84

HAAG, H.: Ursprung und Sinn der alttestamentlichen Paschafeier, in: Das Opfer der Kirche, LThSt 1, Luzern 1954, 17-46 (Ursprung)

--- Art."Paque", DBS VI, Paris 196o, 112o-1149 (Paque)

--- Das Pascha als alttestamentliche Bundesfeier, BuK 15, Stuttgart 196o, 34-36 (Bundesfeier)

--- Art. "Gedächtnis. I.Biblisch", LThK 4, Freiburg ^{2}196o, 57o-572 (Gedächtnis)

--- Art."Passah", LThK 8, Freiburg ^{2}1963, 133-137 (Passah)

--- Vom alten zum neuen Pascha. Geschichte und Theologie des Osterfestes, SBS 49, Stuttgart 1971 (Neues Pascha)

HALBE, J.: Das Privilegrecht Jahwes Ex 34,1o-26. Gestalt und Wesen, Herkunft und Wirken in vordeuteronomischer Zeit, FRLANT 114, Göttingen 1975 (Privilegrecht)

--- Passa-Massot im deuteronomischen Festkalender. Komposition, Entstehung und Programm von Dtn 16_{1-8}, ZAW 87 (1975) 147-168 (Passa-Massot)

--- Erwägungen zu Ursprung und Wesen des Massotfestes, ZAW 87 (1975) 324-346 (Erwägungen)

HARAN, M.: The Passover Sacrifice, VTS 23 (1972) 86-116 (Passover)
--- Temples and Temple-Service in Ancient Israel, Oxford 1978 (Temples)
HEILER, F.: Erscheinungsformen und Wesen der Religion, RdM 1, Stuttgart 1961
HEINISCH, P.: Das Buch Exodus, HSchAT I,2, Bonn 1934
HEMPEL, J.: Die Schichten des Deuteronomiums. Ein Beitrag zur israelitischen Literatur- und Rechtsgeschichte, Leipzig 1914
HENNINGER, J.: Les fêtes de printemps chez les Arabes et leurs implications historiques, RMP 4 (195o) 389-432 (Fêtes)
--- Über Frühlingsfeste bei den Semiten, in: In verbo tuo. FS zum 5o-jährigen Bestehen des Missionspriesterseminars St.Augustin, St.Augustin 1963, 375-398 (Frühlingsfeste)
HENRY, M.-L.: Jahwist und Priesterschrift. Zwei Glaubenszeugnisse des Alten Testaments, AzTh 3, Stuttgart 196o
HERBERT, A.S.: Worship in Ancient Israel, ESW 5, Richmond/Virg. 1959
HERMISSON, H.-J.: Sprache und Ritus im altisraelitischen Kult. Zur "Spiritualisierung" der Kultbegriffe im Alten Testament, WMANT 19, Neukirchen 1965
HERRMANN, S.: Israels Aufenthalt in Ägypten, SBS 4o, Stuttgart 197o (Aufenthalt)
--- Geschichte Israels in alttestamentlicher Zeit, München [2]198o (Geschichte)
HERTZBERG, H.W.: Die Bücher Josua, Richter, Ruth, ATD 9, Göttingen [3]1965
HÖLSCHER, G.: Geschichte der israelitischen und jüdischen Religion, ST I,2, Gießen 1922
HOFBAUER, J.: Die Pascha-, Maṣṣôt- und Erstgeburtsgesetze des Auszugsberichtes Ex 12 u.13, ZkTh 6o (1936) 188-21o
HOLZINGER, H.: Exodus, KHC II, Tübingen/Freiburg/Leipzig 19oo
HOOKE, S.H.: The Origins of Early Semitic Ritual, London 1938
HORST, F.: Das Privilegrecht Jahwes. Rechtsgeschichtliche Untersuchungen zum Deuteronomium, in: H.W.Wolff (Hrg.), Gottes Recht. Ges.Studien zum Recht im AT, ThB 12, München 1961, 17-154
HULST, A.R.: Het karakter van den cultus in Deuteronomium, Wageningen 1938 (Deuteronomium)
--- Der Jordan in den alttestamentlichen Überlieferungen, OTS XIV, Leiden 1965, 162-188 (Jordan)
JACOB, E.: Grundfragen alttestamentlicher Theologie, Stuttgart/Berlin/Köln/Mainz 197o
JAMES, E.O.: After Fifty Years. III. Aspects of Sacrifice in the Old Testament, ET 5o (1938/39) 151-155
JAUSSEN, A.: Coutumes des Arabes au pays de Moab, Paris 1948
JENNI, E.: Art. "יום jōm Tag", THAT I, München/Zürich 1971, 7o7-726 (Tag)
--- Art. "יצא jṣʾ hinausgehen", THAT I, München/Zürich 1971, 755-761 (Hinausgehen)
--- Art. "עֵת ʿēt Zeit", THAT II, München/Zürich 1976, 37o-385 (Zeit)
JEREMIAS, A.: Das Alte Testament im Lichte des Alten Orients, Leipzig [4]193o
JEREMIAS, J.: Die Passahfeier der Samaritaner und ihre Bedeutung für das Verständnis der alttestamentlichen Passahüberlieferung, BZAW 59, Gießen 1932
JIRKU, A.: Altorientalischer Kommentar zum Alten Testament, Leipzig/Erlangen 1923
JOSEPH, M.: Art. "Passover (Pesach)", UJEnc 8, New York 1942, 4o8-41o
KAHMANN, J.: Die Heilszukunft in ihrer Beziehung zur Heilsgeschichte nach Isaias 4o-55, Bib 32 (1951) 65-89. 141-172
KAISER, O.: Einleitung in das Alte Testament. Eine Einführung in ihre Ergebnisse und Probleme, Gütersloh [4]1978

KAUFMANN, Y.: The Religion of Israel from its Beginnings to the Babylonian Exile, Chicago 196o

KAUTZSCH, E.: Art."Religion of Israel", DicB ExtraVol., Edinburgh 19o4, 612-732 (Religion)

--- Biblische Theologie des Alten Testaments, hrg.v.K.Kautzsch, Tübingen 1911 (Theologie)

KEEL, O.: Erwägungen zum Sitz im Leben des vormosaischen Pascha und zur Etymologie von פֶּסַח, ZAW 84 (1972) 414-434

KEEL,O./KÜCHLER,M.: Synoptische Texte aus der Genesis, II, BiBe 82/2, Fribourg 1971

KILIAN, R.: Die Hoffnung auf Heimkehr in der Priesterschrift, BuL 7(1966) 39-51 (Hoffnung)

--- Die Priesterschrift. Hoffnung auf Heimkehr, in: J.Schreiner (Hrg.), Wort und Botschaft, Würzburg 1967, 226-243 (Priesterschrift)

KITTEL, R.: Die Religion des Volkes Israel, Leipzig 1921 (Religion)

--- Geschichte des Volkes Israel, Bd.I: Palästina in der Urzeit. Das Werden des Volkes. Geschichte der Zeit bis zum Tode Josuas, Gotha [5.6]1923 (Geschichte)

KLENGEL, H.: Zwischen Zelt und Palast. Die Begegnung von Nomaden und Seßhaften im alten Vorderasien, Wien 1972

KOCH, K.: Die Priesterschrift von Exodus 25 bis Leviticus 16. Eine überlieferungsgeschichtliche und literarkritische Untersuchung, FRLANT 71, Göttingen 1959

KÖHLER, L.: Der Hebräische Mensch. Mit einem Anhang: Die Hebräische Rechtsgemeinde, Tübingen 1953

KÖNIG, E.: Geschichte der Alttestamentlichen Religion, Gütersloh [2]1915 (Geschichte)

--- Theologie des Alten Testaments, Stuttgart [3.4]1923 (Theologie)

KOHLER, K.: Grundriss einer systematischen Theologie des Judentums auf geschichtlicher Grundlage, Leipzig 191o

KORNFELD, W.: Religion und Offenbarung in der Geschichte Israels, Innsbruck/Wien/München 197o

KOSMALA, H.: Rezension von J.B.Segal, The Hebrew Passover from the Earliest Times to A.D.7o, VT 14 (1964) 5o4-5o9

KRAUS, H.-J.: Gilgal. Ein Beitrag zur Kultusgeschichte Israels, VT 1 (1951) 181-199 (Gilgal)

--- Geschichte der historisch-kritischen Erforschung des Alten Testaments von der Reformation bis zur Gegenwart, Neukirchen 1956 (Geschichte)

--- Zur Geschichte des Passah-Massot-Festes im Alten Testament, EvTh 18 (1958) 47-67 (Passah-Massot)

--- Gottesdienst in Israel. Grundriß einer Geschichte des alttestamentlichen Gottesdienstes, München [2]1962 (Gottesdienst)

KÜHLEWEIN, J.: Geschichte in den Psalmen, CThM A/2, Stuttgart 1973

KUGLER, F.X.: Von Moses bis Paulus, Münster 1922

KUTSCH, E.: Erwägungen zur Geschichte der Passafeier und des Massotfestes, ZThK 55 (1958) 1-35 (Erwägungen)

--- Art. "Feste und Feiern. II. In Israel", RGG II, Tübingen [3]1958, 91o-917 (Feste)

LAAF, P.: Die Pascha-Feier Israels. Eine literarkritische und überlieferungsgeschichtliche Studie, BBB 36, Bonn 197o

LAGRANGE, M.-J.: Études sur les religions Sémitiques, Paris [2]19o5

LANGLAMET, F.: Gilgal et les récits de la traversée du Jourdain (Jos.,III-IV), CRB 11, Paris 1969

LODS, A.: Israel from its Beginnings to the Middle of the Eighth Century, London ²1948
LÖHR, M.: Das Deuteronomium. Untersuchungen zum Hexateuchproblem. II, SGK I,6, Berlin 1925
LOHFINK, N.: Das Hauptgebot. Eine Untersuchung literarischer Einleitungsfragen zu Dtn 5-11, AnBib 2o, Rom 1963 (Hauptgebot)
--- Die Priesterschrift und die Geschichte, VTS 29 (1978) = Congress Volume Göttingen 1977, 189-225 (Priesterschrift)
LUBSCZYK, H.: Der Auszug Israels aus Ägypten. Seine theologische Bedeutung in prophetischer und priesterlicher Überlieferung, EThSt 11, Leipzig 1963
McKAY, J.W.: The Date of Passover and its Significance, ZAW 84 (1972) 435-447
MAGNETTI, D.L.: Rezension von R.Schmitt, Exodus und Passah. Ihr Zusammenhang im Alten Testament, CBQ 39 (1977) 135f.
MAIER, J.: Tempel und Tempelkult, in: J.Maier/J.Schreiner (Hrg.), Literatur und Religion des Frühjudentums, Würzburg/Gütersloh 1973, 371-39o
MARTI, K.: Geschichte der Israelitischen Religion, Straßburg ⁵19o7 (Religion)
--- Das fünfte Buch Mose oder Deuteronomium, in: HSAT I, Tübingen ⁴1922 (Deuteronomium)
MAY, H.G.: The Relation of the Passover to the Festival of Unleavened Cakes, JBL 55 (1936) 65-82
MERENDINO, R.P.: Das deuteronomische Gesetz. Eine literarkritische, gattungs- und überlieferungsgeschichtliche Untersuchung zu Dt 12-26, BBB 31, Bonn 1969
MEYER, E.: Die Israeliten und ihre Nachbarstämme. Mit Beiträgen von B.Luther, Halle 19o6
MOWINCKEL, S.: Psalmenstudien, I-II, fotomechan.Nachdr.(1921/22) Amsterdam 1961 (PsStudien)
--- Die vermeintliche "Passahlegende" Ex.1-15 in Bezug auf die Frage: Literarkritik und Traditionskritik, StTh 5 (1951) 66-88 (Passahlegende)
--- Religion und Kultus, Göttingen 1953 (Religion)
--- Tetrateuch-Pentateuch-Hexateuch, BZAW 9o, Berlin 1964 (Tetrateuch)
MOULTON, W.J.: Art."Passover", DicB III, Edinburgh 19oo, 684-692
MÜLLER, H.-P.: Ursprünge und Strukturen alttestamentlicher Eschatologie, BZAW 1o9, Berlin 1969
MYERS, J.M.: The Requisites of Response. On the Theology of Deuteronomy, Int 15 (1961) 14-31
NEBELING, G.: Die Schichten des deuteronomischen Gesetzeskorpus. Eine traditions- und redaktionsgeschichtliche Analyse von Dtn 12-26, ev.-theol.Diss.Münster 197o
NICHOLSON, E.W.: Deuteronomy and Tradition, Oxford 1967
NICOLSKY, N.M.: Pascha im Kulte des jerusalemischen Tempels, ZAW 45 (1927) 171-19o. 241-253
NÖTSCHER, F.: Biblische Altertumskunde, HSchAT ErgBd.III, Bonn 194o
NORTH, C.R.: The Second Isaiah, Oxford 1964
NOTH, M.: Die Vergegenwärtigung des Alten Testaments in der Verkündigung, EvTh 12 (1952/53) 6-17 (Vergegenwärtigung)
--- Das Buch Josua, HAT I,7, Tübingen ²1953 (Josua)
--- Geschichte Israels, Göttingen ⁴1959 (Geschichte)
--- Überlieferungsgeschichte des Pentateuch, Stuttgart ²1963 (ÜPent.)
--- Überlieferungsgeschichtliche Studien, I: Die sammelnden und bear-

beitenden Geschichtswerke im Alten Testament, SGK 18, fotomechan.Nachdr.(1943) Darmstadt 1963 (ÜStud.)
--- Das zweite Buch Mose. Exodus, ATD 5, Göttingen [3]1965 (Exodus)
NOWACK, W.: Lehrbuch der hebräischen Archäologie, Bd.I/II, Freiburg/Leipzig 1894
OORT, H.: Oud-Israëls Paaschfeest, ThT 42 (19o8) 483-5o6
vORELLI, K.: Art."Passah, israelitisch-jüdisches", RE 14, Leipzig [3]19o4, 75o-757
OTTO, E.: Das Mazzotfest in Gilgal, BWANT VI/7 (1o7), Stuttgart/Berlin/Köln/Mainz 1975 (Mazzotfest)
--- Erwägungen zum überlieferungsgeschichtlichen Ursprung und "Sitz im Leben" des jahwistischen Plagenzyklus, VT 26 (1976) 3-27 (Erwägungen)
OTTO, E./SCHRAMM, T.: Fest und Freude, Biblische Konfrontationen, KoTB 1oo3, Stuttgart/Berlin/Köln/Mainz 1977
PEDERSEN, J.: Israel. Its Life and Culture, I-II/III-IV, Copenhagen/London 1926/194o (Israel)
--- Passahfest und Passahlegende, ZAW 52 (1934) 161-175 (Passahfest)
PERLITT, L.: Bundestheologie im Alten Testament, WMANT 36, Neukirchen-Vluyn 1969
PFEIFFER, R.H.: Introduction to the Old Testament, New York/London 1941 (Introduction)
--- Religion in the Old Testament. The History of a Spiritual Triumph, ed.by C.C.Forman, New York 1961 (Religion)
PHILIPP, W.: Die Absolutheit des Christentums und die Summe der Anthropologie, Heidelberg 1959
PLÖGER, J.G.: Literarkritische, formgeschichtliche und stilkritische Untersuchungen zum Deuteronomium, BBB 26, Bonn 1967
PLÖGER, O.: Theokratie und Eschatologie, WMANT 2, Neukirchen 1959
PROCKSCH, O.: Theologie des Alten Testaments, Gütersloh 195o
vRABENAU, K.: Art. "Passa", EKL III, Göttingen [2]1962, 72-75
vRAD, G.: Die Priesterschrift im Hexateuch literarisch untersucht und theologisch gewertet, BWANT IV/13 (65), Stuttgart/Berlin 1934 (Priesterschrift)
--- Das formgeschichtliche Problem des Hexateuch, BWANT IV/26, Stuttgart 1938, in: Ges.Studien zum AT, ThB 8, München 1961, 9-86 (Hexateuch)
--- Das fünfte Buch Mose. Deuteronomium, ATD 8, Göttingen 1964 (Deuteronomium)
--- Theologie des Alten Testaments, Bd.I: Die Theologie der geschichtlichen Überlieferungen Israels, München [5]1966; Bd.II: Die Theologie der prophetischen Überlieferungen Israels, München [4]1965 (TheolAT I/II)
RENDTORFF, R.: Die Gesetze in der Priesterschrift. Eine gattungsgeschichtliche Untersuchung, FRLANT 62 (NF 44), Göttingen 1954 (Gesetze)
--- Der Kultus im alten Israel, JLH 2 (1956) 1-21 (Kultus)
--- Kult, Mythos und Geschichte im Alten Israel, in: J.Heubach/H.-H.Ulrich (Hrg.), Sammlung und Sendung. Vom Auftrag der Kirche in der Welt. FS H.Rendtorff, Berlin 1958, 121-129 (Mythos)
--- Das überlieferungsgeschichtliche Problem des Pentateuch, BZAW 147, Berlin/New York 1976 (Problem)
REVENTLOW, H.Graf: Rezension von R.Schmitt, Exodus und Passah. Ihr Zusammenhang im Alten Testament, ThLZ 1o2 (1977) 65o-653

RINGGREN, H.: Israelitische Religion, RdM 26, Stuttgart 1963
ROSE, M.: Bemerkungen zum historischen Fundament des Josia-Bildes in II Reg 22f., ZAW 89 (1977) 5o-63
ROST, L.: Die Vorstufen von Kirche und Synagoge im Alten Testament. Eine wortgeschichtliche Untersuchung, BWANT IV/24 (76), Stuttgart 1938 (Vorstufen)
--- Weidewechsel und altisraelitischer Festkalender, in: Das kleine Credo und andere Studien zum Alten Testament, Heidelberg 1965, 1o1-112 (Weidewechsel)
--- Josias Passa, in: S.Herrmann/O.Söhngen (Hrg.), Theologie in Geschichte und Kunst. FS W.Elliger, Witten 1968, 169-175 (Passa)
--- Zur Vorgeschichte der Kultusreform des Josia, VT 19 (1969) 113-12o (Vorgeschichte)
ROWLEY, H.H.: Worship in Ancient Israel. Its Forms and Meaning, London 1967
ROWTON, M.B.: The Problem of the Exodus, PEQ 85 (1953) 46-6o
RUDOLPH, W.: Der "Elohist" von Exodus bis Josua, BZAW 68, Berlin 1938
RYLAARSDAM, J.C.: Art."Passover and Feast of Unleavened Bread", IntBD III, New York/Nashville 1962, 663-668
SCHARBERT, J.: Solidarität in Segen und Fluch im Alten Testament und in seiner Umwelt, BBB 14, Bonn 1958 (Solidarität)
--- Rezension von R.Schmitt, Exodus und Passah. Ihr Zusammenhang im Alten Testament, BZ (NF) 22 (1978) 147 (Rezension)
SCHILDENBERGER, J.: Der Gedächtnischarakter des alt- und neutestamentlichen Pascha, in: B.Neunheuser (Hrg.), Opfer Christi und Opfer der Kirche, Düsseldorf 196o, 75-97
SCHMID, H.: Mose. Überlieferung und Geschichte, BZAW 11o, Berlin 1968
SCHMIDT, W.H.: Das erste Gebot. Seine Bedeutung für das Alte Testament, TEH 165, München 1969 (Gebot)
--- Alttestamentlicher Glaube in seiner Geschichte, NStB 6, Neukirchen-Vluyn [3]1979 (Glaube)
--- Einführung in das Alte Testament, Berlin/New York 1979 (Einführung)
SCHMITT, R.: Zelt und Lade als Thema alttestamentlicher Wissenschaft. Eine kritische forschungsgeschichtliche Darstellung, Gütersloh 1972
SCHOTTROFF, W.: 'Gedenken' im Alten Orient und im Alten Testament. Die Wurzel zākar im semitischen Sprachkreis, WMANT 15, Neukirchen-Vluyn 1964 (Gedenken I)
---- Art. "זכר zkr gedenken", THAT I, München/Zürich 1971, 5o7-518 (Gedenken II)
SCHREINER, J.: Exodus 12,21-23 und das israelitische Pascha, in: G.Braulik (Hrg.), Studien zum Pentateuch. FS W.Kornfeld, Wien/Freiburg/Basel 1977, 69-9o
SEEBASS, H.: Landverheißungen an die Väter, EvTh 37 (1977) 21o-229
SEGAL, J.B.: The Hebrew Passover from the Earliest Times to A.D.7o, LOS 12, London 1963
SEGAL, M.H.: The Pentateuch. Its Composition and its Authorship, and other Biblical Studies, Jerusalem 1967
SEITZ, G.: Redaktionsgeschichtliche Studien zum Deuteronomium, BWANT V/13 (93), Stuttgart/Berlin/Köln/Mainz 1971
SIMPSON, C.A.: The Early Traditions of Israel, Oxford 1948
SKA, J.-L.: Les plaies d'Égypte dans le récit sacerdotal (P^g), Bib 6o (1979) 23-35
SMEND, R.: Jahwekrieg und Stämmebund. Erwägungen zur ältesten Geschichte Israels, FRLANT 84, Göttingen [2]1966 (Jahwekrieg)

--- Elemente alttestamentlichen Geschichtsdenkens, ThSt 95, Zürich 1968 (Elemente)
--- Die Entstehung des Alten Testaments, ThW 1, Stuttgart/Berlin/Köln/Mainz 1978 (Entstehung)
SMITH, W.R.: Die Religion der Semiten, Freiburg/Leipzig/Tübingen 1899
SMYTH, F.: Rezension von R.Schmitt, Exodus und Passah. Ihr Zusammenhang im Alten Testament, ETR 51 (1976) 39o
SOGGIN, J.A.: Kultätiologische Sagen und Katechese im Hexateuch, VT 1o (196o) 341-347 (Katechese)
--- Gilgal, Passah und Landnahme. Eine neue Untersuchung des kultischen Zusammenhangs der Kap.III-VI des Josuabuches, VTS 15 (1966) 263-277 (Gilgal)
--- Joshua, OTL, London 1972 (Joshua)
--- Rezension von R.Schmitt, Exodus und Passah. Ihr Zusammenhang im Alten Testament, ThZ 32 (1976) 3o4 (Rezension)
STADE, B.: Geschichte des Volkes Israel, Bd.I, Berlin 1887 (Geschichte)
--- Biblische Theologie des Alten Testaments, Bd.I, Tübingen [1.2]19o5 (Theologie)
STALKER, D.M.G.: Exodus, PCB, Edinburgh 1962
STECK, O.H.: Deuterojesaja als theologischer Denker, KuD 15 (1969) 28o-293
STENDEBACH, F.J.: Das Verbot des Knochenzerbrechens bei den Semiten, BZ (NF) 17 (1973) 29-38
STEUERNAGEL, C.: Das Deuteronomium, HK I/3,1, Göttingen [2]1923
teSTROETE, G.: Exodus, BOT I/2, Roermond/Maaseik 1966
STUHLMUELLER, C.: Creative Redemption in Deutero-Isaiah, AnBib 43, Rom 197o
THOMPSON, R.J.: Penitence and Sacrifice in Early Israel outside the Levitical Law, Leiden 1963
TROMP, N.J.: Rezension von R.Schmitt, Exodus und Passah. Ihr Zusammenhang im Alten Testament, BO 33 (1976) 223f.
VATKE, W.: Die Religion des Alten Testamentes nach den kanonischen Büchern entwickelt, Bd.I, Berlin 1835
deVAUX, R.: Das Alte Testament und seine Lebensordnungen, Bd.I/II, Freiburg/Basel/Wien [2]1964/1966 (Lebensordnungen I/II)
--- Studies in Old Testament Sacrifice, Cardiff 1964 (Studies)
--- Histoire ancienne d'Israël. Des origines à l'installation en Canaan, Paris 1971 (Histoire)
VINCENT, A.: La religion des Judéo-Araméens d'Éléphantine, Paris 1937
VINK, J.G.: The Date and Origin of the Priestly Code in the Old Testament, OTS 15, Leiden 1969, 1-144
VÖLTER, D.: Passah und Mazzoth und ihr aegyptisches Urbild, Leiden 1912 (Passah)
--- Der Ursprung von Passah und Mazzoth neu untersucht, Leiden 1913 (Ursprung)
VOGT, E.: Die Erzählung vom Jordanübergang Josue 3-4, Bib 46 (1965) 125-148
VOLZ, P.: Die biblischen Altertümer, Stuttgart [2]1925
deVRIES, S.J.: Yesterday, Today and Tomorrow. Time and History in the Old Testament, London 1975
VRIEZEN, T.C.: Theologie des Alten Testaments in Grundzügen, Neukirchen (1957)
WALDE, B.: Art. "Pascha", LThK 7, Freiburg 1935, 994-996
WAMBACQ, B.N.: Les origines de la Pesaḥ israélite, Bib 57 (1976) 2o6-224. 3o1-326
WEIMAR, P.: Untersuchungen zur priesterschriftlichen Exodus-Geschichte, fzb 9, Würzburg 1973
WEIMAR, P./ZENGER, E.: Exodus. Geschichten und Geschichte der Befreiung Israels, SBS 75, Stuttgart [2]1979

WEISER, A.: Glaube und Geschichte im Alten Testament, BWANT IV/4 (55), Stuttgart 1931
WELCH, A.C.: On the Method of celebrating Passover, ZAW 45 (1927) 24-29
WELLHAUSEN, J.: Prolegomena zur Geschichte Israels, Berlin/Leipzig [6]1927 (Prolegomena)
--- Reste arabischen Heidentums, Berlin/Leipzig [2]1927 (Reste)
WENDEL, A.: Das Opfer in der altisraelitischen Religion, VFVRL II/5, Leipzig 1927
WESTERMANN, C.: Vergegenwärtigung der Geschichte in den Psalmen, in: Forschung am AT. Ges.Studien, ThB 24, München 1964, 3o6-335 (Vergegenwärtigung)
--- Das Buch Jesaja. Kapitel 4o-66, ATD 19, Göttingen 1966 (Jesaja)
--- Theologie des Alten Testaments in Grundzügen,GAT 6, Göttingen 1978 (TheolAT)
WIDENGREN, G.: What do we know about Moses?, in: J.I.Durham/J.R.Porter (Ed.), Proclamation and Presence. FS G.H.Davies, London 197o, 21-47
WIJNGAARDS, J.N.M.: The Dramatization of Salvific History in the Deuteronomic Schools, OTS 16, Leiden 1969
WILCH, J.R.: Time and Event, Leiden 1969
WILCOXEN, J.A.: The Israelite Passover: Some Problems, BR 8 (1963) 13-27
WILDBERGER, H.: Jahwes Eigentumsvolk. Eine Studie zur Traditionsgeschichte und Theologie des Erwählungsgedankens, AThANT 37, Zürich/ Stuttgart 196o
WRIGHT, G.E.: Cult and History, Int 16 (1962) 3-2o
WÜRTHWEIN, E.: Die Josianische Reform und das Deuteronomium, ZThK 75 (1976) 395-423
ZEROFA, P.: Passover and Unleavened Bread, Ang 41 (1964) 235-25o
ZIMMERLI, W.: Der "neue Exodus" in der Verkündigung der beiden großen Exilspropheten, in: Gottes Offenbarung. Ges.Aufsätze zum AT, ThB 19, München 1963, 192-2o4 (Exodus)
--- Sinaibund und Abrahambund. Ein Beitrag zum Verständnis der Priesterschrift, in: Gottes Offenbarung. Ges.Aufsätze zum AT, ThB 19, München 1963, 2o5-216 (Sinaibund)
--- Grundriß der alttestamentlichen Theologie, ThW 3, Stuttgart/ Berlin/Köln/Mainz 1972 (Grundriß)

ORBIS BIBLICUS ET ORIENTALIS

Bd. 1 OTTO RICKENBACHER: *Weisheitsperikopen bei Ben Sira.* X-214-15* Seiten. 1973.

Bd. 2 FRANZ SCHNIDER: *Jesus der Prophet.* 298 Seiten. 1973. Vergriffen.

Bd. 3 PAUL ZINGG: *Das Wachsen der Kirche.* Beiträge zur Frage der lukanischen Redaktion und Theologie. 345 Seiten. 1974. Vergriffen.

Bd. 4 KARL JAROŠ: *Die Stellung des Elohisten zur kanaanäischen Religion.* 496 Seiten. 1974. Vergriffen. Ncuauflage in Vorbereitung.

Bd. 5 OTHMAR KEEL: *Wirkmächtige Siegeszeichen im Alten Testament.* Ikonographische Studien zu Jos 8, 18-26; Ex 17, 8-13; 2 Kön 13, 14-19 und 1 Kön 22, 11. 232 Seiten, 78 Abbildungen. 1974.

Bd. 6 VITUS HUONDER: *Israel Sohn Gottes.* Zur Deutung eines alttestamentlichen Themas in der jüdischen Exegese des Mittelalters. 231 Seiten. 1975.

Bd. 7 RAINER SCHMITT: *Exodus und Passa. Ihr Zusammenhang im Alten Testament.* 124 Seiten. 1982. 2. neubearbeitete Auflage.

Bd. 8 ADRIAN SCHENKER: *Hexaplarische Psalmenbruchstücke.* Die hexaplarischen Psalmenfragmente der Handschriften Vaticanus graecus 752 und Canonicianus graecus 62. Einleitung, Ausgabe, Erläuterung. XXVIII - 446 Seiten. 1975.

Bd. 9 BEAT ZUBER: *Vier Studien zu den Ursprüngen Israels.* Die Sinaifrage und Probleme der Volks- und Traditionsbildung. 152 Seiten. 1976. Vergriffen.

Bd. 10 EDUARDO ARENS: *The ΗΛΘΟΝ-Sayings in the Synoptic Tradition.* A Historico-critical Investigation. 370 Seiten. 1976.

Bd. 11 KARL JAROŠ: *Sichem.* Eine archäologische und religionsgeschichtliche Studie, mit besonderer Berücksichtigung von Jos 24. 280 Seiten, 193 Abbildungen. 1976.

Bd. 11a KARL JAROŠ / BRIGITTE DECKERT: *Studien zur Sichem-Area.* 81 Seiten, 23 Abbildungen. 1977.

Bd. 12 WALTER BÜHLMANN: *Vom rechten Reden und Schweigen.* Studien zu Proverbien 10-31. 371 Seiten. 1976.

Bd. 13 IVO MEYER: *Jeremia und die falschen Propheten.* 155 Seiten. 1977.

Bd. 14 OTHMAR KEEL: *Vögel als Boten.* Studien zu Ps 68, 12-14, Gen 8, 6-12, Koh 10, 20 und dem Aussenden von Botenvögeln in Ägypten. – Mit einem Beitrag von Urs Winter zu Ps 56, 1 und zur Ikonographie der Göttin mit der Taube. 164 Seiten, 44 Abbildungen. 1977.

Bd. 15 MARIE-LOUISE GUBLER: *Die frühesten Deutungen des Todes Jesu.* Eine motivgeschichtliche Darstellung aufgrund der neueren exegetischen Forschung. XVI - 424 Seiten. 1977.

Bd. 16 JEAN ZUMSTEIN. *La condition du croyant dans l'Evangile selon Matthieu.* 467 pages. 1977.

Bd. 17 FRANZ SCHNIDER: *Die verlorenen Söhne.* Strukturanalytische und historisch-kritische Untersuchungen zu Lk 15. 105 Seiten. 1977.

Bd. 18 HEINRICH VALENTIN: *Aaron.* Eine Studie zur vor-priesterschriftlichen Aaron-Überlieferung. VIII - 441 Seiten. 1978.

Bd. 19 MASSÉO CALOZ: *Etude sur la LXX origénienne du Psautier.* Les relations entre les leçons des Psaumes du Manuscrit Coislin 44, les Fragments des Hexaples et le texte du Psautier Gallican. 480 pages. 1978.

Bd. 20 RAPHAEL GIVEON: *The Impact of Egypt on Canaan.* Iconographical and Related Studies. 156 Seiten, 73 Abbildungen. 1978.

Bd. 21 DOMINIQUE BARTHÉLEMY: *Etudes d'histoire du texte de l'Ancien Testament.* XXV - 419 pages. 1978.

Bd. 22/1 CESLAS SPICQ: *Notes de Lexicographie néo-testamentaire.* Tome I: p. 1-524. 1978.

Bd. 22/2 CESLAS SPICQ: *Notes de Lexicographie néo-testamentaire.* Tome II: p. 525-980. 1978.

Bd. 23 BRIAN M. NOLAN: *The royal Son of God.* The Christology of Matthew 1-2 in the Setting of the Gospel. 282 Seiten. 1979.

Bd. 24 KLAUS KIESOW: *Exodustexte im Jesajabuch.* Literarkritische und motivgeschichtliche Analysen. 221 Seiten. 1979.

Bd. 25/1 MICHAEL LATTKE: *Die Oden Salomos in ihrer Bedeutung für Neues Testament und Gnosis.* Band I. Ausführliche Handschriftenbeschreibung. Edition mit deutscher Parallel-Übersetzung. Hermeneutischer Anhang zur gnostischen Interpretation der Oden Salomos in der Pistis Sophia. XI - 237 Seiten. 1979.

Bd. 25/1a MICHAEL LATTKE: *Die Oden Salomos in ihrer Bedeutung für Neues Testament und Gnosis.* Band Ia. Der syrische Text der Edition in Estrangela Faksimile des griechischen Papyrus Bodmer XI. 68 Seiten. 1980.

Bd. 25/2 MICHAEL LATTKE: *Die Oden Salomos in ihrer Bedeutung für Neues Testament und Gnosis.* Band II. Vollständige Wortkonkordanz zur handschriftlichen, griechischen, koptischen, lateinischen und syrischen Überlieferung der Oden Salomos. Mit einem Faksimile des Kodex N. XVI - 201 Seiten. 1979.

Bd. 26 MAX KÜCHLER: *Frühjüdische Weisheitstraditionen.* Zum Fortgang weisheitlichen Denkens im Bereich des frühjüdischen Jahweglaubens. 703 Seiten. 1979.

Bd. 27 JOSEF M. OESCH: *Petucha und Setuma.* Untersuchungen zu einer überlieferten Gliederung im hebräischen Text des Alten Testaments. XX - 394 - 37* Seiten. 1979.

Bd. 28 ERIK HORNUNG / OTHMAR KEEL (Herausgeber): *Studien zu altägyptischen Lebenslehren.* 394 Seiten. 1979.

Bd. 29 HERMANN ALEXANDER SCHLÖGL: *Der Gott Tatenen.* Nach Texten und Bildern des Neuen Reiches. 216 Seiten, 14 Abbildungen. 1980.

Bd. 30 JOHANN JAKOB STAMM: *Beiträge zur Hebräischen und Altorientalischen Namenkunde.* XVI - 264 Seiten. 1980.

Bd. 31 HELMUT UTZSCHNEIDER: *Hosea – Prophet vor dem Ende.* Zum Verhältnis von Geschichte und Institution in der alttestamentlichen Prophetie. 260 Seiten. 1980.

Bd. 32 PETER WEIMAR: *Die Berufung des Mose.* Literaturwissenschaftliche Analyse von Exodus 2,23-5,5. 402 Seiten. 1980.

Bd. 33 OTHMAR KEEL: *Das Böcklein in der Milch seiner Mutter und Verwandtes.* Im Lichte eines altorientalischen Bildmotivs. 163 Seiten, 141 Abbildungen. 1980.

Bd. 34 PIERRE AUFFRET: *Hymnes d'Egypte et d'Israël.* Etudes de structures littéraires. 316 pages, 1 illustration. 1981.

Bd. 35 ARIE VAN DER KOOIJ: *Die alten Textzeugen des Jesajabuches.* Ein Beitrag zur Textgeschichte des Alten Testaments. 388 Seiten. 1981.

Bd. 36 CARMEL McCARTHY: *The Tiqqune Sopherim and Other Theological Corrections in the Masoretic Text of the Old Testament.* 280 Seiten. 1981.

Bd. 37 BARBARA L. BEGELSBACHER-FISCHER: *Untersuchungen zur Götterwelt des Alten Reiches im Spiegel der Privatgräber der IV. und V. Dynastie.* 336 Seiten. 1981.

Bd. 38 MÉLANGES DOMINIQUE BARTHÉLEMY. Etudes bibliques offertes à l'occasion de son 60e anniversaire. Edités par Pierre Casetti, Othmar Keel et Adrian Schenker. 724 pages. 31 illustrations. 1981.

Bd. 39 ANDRÉ LEMAIRE: *Les écoles et la formation de la Bible dans l'ancien Israël.* 142 pages, 14 illustrations. 1981.

Bd. 40 JOSEPH HENNINGER: *Arabica Sacra.* Aufsätze zur Religionsgeschichte Arabiens und seiner Randgebiete. Contributions à l'histoire religieuse de l'Arabie et de ses régions limitrophes. 347 Seiten. 1981.

Bd. 41 DANIEL VON ALLMEN: *La famille de Dieu.* La symbolique familiale dans le paulinisme. LXVII - 330 pages, 27 planches. 1981.